人類史上最高に**ラクチン**なのに超美味しい！

魔法の
てぬき献立
100

てぬき料理研究家
てぬキッチン

ワニブックス

はじめに

料理大好き！　でも面倒なことは大嫌い！
こんにちは。てぬき料理研究家のてぬキッチンです。

"できるだけ手を抜いて、少ない材料で、誰でも失敗せずに美味しく作れるレシピ"を
コンセプトにYouTubeで料理やお菓子作りを発信しています。

食べることが大好きな私ですが、毎日の献立を考えるのはかなり面倒！
ただただ食べたいものなんてたくさんあるけど、
今から自分で作るとなると簡単じゃなきゃ作りたくないし……
メインを作るだけでも面倒なのに、サブの副菜も考えるなんてホントに面倒！
しかも、頑張って考えたとしても意外とワンパターンになりがち。

とにかくかなりの面倒くさがり屋のくせに毎日美味しいものを食べたいっていう
食い意地がはっているのがやっかいなところ！

でも、この本はそんな私が**これならなんとか頑張れるという献立**を
100パターン作りました！

とにかく簡単！　時短に！　面倒な工程はゼロ！
特別な材料も特別な調味料も使わないから、
必要なものは近くのスーパーでいつでも揃えられます。
また、電子レンジやトースターも活用するのでめちゃくちゃラクチン！
ほったらかしでできちゃうレシピも多数！
洗い物も極力減らして、後片付けもラクチンに！
おなかがすいたらすぐ食べたいから時間のかかるメニューはなし！

面倒な工程はどんどん省いちゃいますが、
美味しさは妥協できない私なので、どのレシピも間違いないはず！！

ぜひ毎日の献立にこの一冊を活用していただいて、
てぬキッチンしていただけると嬉しいです！

てぬキッチン

てぬき献立のポイント

メインだけでなく、サブのおかずまで作るなんて大変すぎる！
だからこそ、献立は徹底的に手抜きして、ラクしちゃいましょう！

主な材料は5つまで！

てぬキッチンのレシピはどれも、調味料以外の主な材料は5つまで！　調味料はおうちにあるものやスーパーで手に入るものだけで、特別なものは使いません。

レンジ＆ワンパンレシピ大活躍！

煮物や炒め物もパスタも、なんでもレンジかワンパンで。揚げ物は粉をまぶすところからフライパンの中で作業して、そのまま油をかけて加熱すればOK！

とにかく洗い物削減！

ひき肉をこねたり、野菜を和えたりはポリ袋で行って汚れ知らず！　食材を切るときにはキッチンバサミや手を活用し、包丁やまな板を使わないレシピも多数！

いろいろな味を楽しみたい！

ラクはしたいけれど、美味しいものがいろいろ食べたい！　だから、メインとサブのおかずは、バラエティ豊かな味付けになるよう心掛けました。こってり＋あっさり、ピリ辛＋甘め、とろ〜り＋カリカリなど、飽きずに楽しめるはず！

同時調理できるように工夫！

主菜がレンジレシピなら、副菜は和えるだけやトースター。主菜がワンパンなら、副菜はレンチン。などなど、レンジばかり、フライパンばかりにならないようにレシピを組み合わせました！　これなら無理なく同時調理できます♪

無理しすぎない！

栄養バランスは考えたいけれど、てぬキッチン流はまずは"美味しく、楽しく"！「主菜がたんぱく質少なめなら、副菜は多め」「野菜はできるだけたくさん入れる」など最低限はこだわって、あとは無理しません。2品献立だってOK！

副菜はできるだけ簡単に！

メインはそれなりに作るのが大変なことが多いので、副菜はとにかくより簡単に＆時短に！　野菜1種類だけのレシピ、2工程で作れるレシピ、火を使わず和えるだけ、レンチンだけなど、特に手抜きにこだわりました！

CONTENTS

2 はじめに
3 てぬき献立のポイント

CHAPTER 1
鶏肉のおかずの献立

8 カリカリチキンの玉ねぎソースの献立
カリカリチキンの玉ねぎソース／
ブロッコリーのごま油ナムル／えのきとカニカマの旨和え

10 とろ～りピザチキンの献立
とろ～りピザチキン／
ツナとキャベツのマスタードマヨサラダ／
きのこのガーリックコンソメマリネ

12 オーロラタルタル照り焼きチキンの献立
オーロラタルタル照り焼きチキン／てぬき白和え／
とろとろ漬けねぎ

13 鶏むね肉のねぎマヨポンの献立
鶏むね肉のねぎマヨポン／塩昆布冷や奴／
やみつきカニカマ大根

14 たらマヨチキンの献立
たらマヨチキン／きゅうりと豆腐の梅サラダ／
枝豆と塩昆布の混ぜごはん

15 鶏むね肉の大葉バター照り焼きの献立
鶏むね肉の大葉バター照り焼き／
にんじんのごま和え／やみつき卵

16 鶏肉のチリソースの献立
鶏肉のチリソース／レンジでひじきの煮物／
もやしとハムの中華ナムル

18 チーズダッカルビの献立
チーズダッカルビ／トマトキムチナムル／卵の中華スープ

19 バーベキューチキンの献立
バーベキューチキン／
かぼちゃのほぼデザートサラダ／無限ブロッコリー

20 鶏肉とレタスのやみつき旨塩炒めの献立
鶏肉とレタスのやみつき旨塩炒め／
和風ジャーマンポテト／切り干し大根のマヨポンサラダ

21 串なし焼き鳥の献立
串なし焼き鳥／豆腐のユッケ／さつまいもの塩バターごはん

22 レンジねぎ塩蒸し鶏の献立
レンジねぎ塩蒸し鶏／ヤンニョム厚揚げ／
ピーマンの揚げ浸し風

24 とろとろナスと鶏肉の甘酢炒めの献立
とろとろナスと鶏肉の甘酢炒め／
無限マヨにんじん／えのきバター

25 甘辛にんにくチキンの献立
甘辛にんにくチキン／白菜のごま和え／揚げ出し風温泉卵

26 にんにくハニーバター醤油チキンの献立
にんにくハニーバター醤油チキン／
ナスの揚げ浸し風／もやしのサッパリ梅ナムル

27 トマトクリームシチューの献立
トマトクリームシチュー／ブロッコリーと卵のデリサラダ

28 レンジラタトゥイユの献立
レンジラタトゥイユ／ベーコンチーズスクランブルエッグ

29 チキンとかぼちゃのクリーム煮の献立
チキンとかぼちゃのクリーム煮／白菜シーザーサラダ

30 もつ鍋風鶏鍋の献立
もつ鍋風鶏鍋／新玉ねぎの超速サラダ

CHAPTER 2
豚肉のおかずの献立

32 小ねぎの豚バラ巻きの献立
小ねぎの豚バラ巻き／おつまみゆで卵／叩き梅きゅうり

34 豚こまトンテキの献立
豚こまトンテキ／甘辛チーズちくわ／無限塩だれキャベツ

35 豚肉のケチャップしょうが焼きの献立
豚肉のケチャップしょうが焼き／
アボカドとカニカマのクリームマヨサラダ／塩昆布トマト

36 豚ニラ玉豆腐の献立
豚ニラ玉豆腐／ピリ辛もやしナムル／韓国風わかめスープ

37 豚こま肉のカシューナッツ炒めの献立
豚こま肉のカシューナッツ炒め／
やみつき特製だれ豆腐／漬けわさび大根

38 オイマヨ豚バラ大根の献立
オイマヨ豚バラ大根／即席湯豆腐／
きゅうりの即席しょうがめんつゆ漬け

39 ごま油香る豚バラ白菜の献立
ごま油香る豚バラ白菜／きんぴらピーマン／
旨ねぎちくわ

40 豚こま肉のマリネの献立
豚こま肉のマリネ／ニラはんぺん焼き／
油揚げの塩昆布炊き込みごはん

41 カリカリ豚こまチーズの献立
カリカリ豚こまチーズ／えのきの旨キムチ和え／
無限ゆかり大根

42 豚こまステーキの献立
豚こまステーキ／ゆかりマカロニサラダ／
おつまみわかめキャベツ

44 塩昆布豚こまキャベツの献立
塩昆布豚こまキャベツ／厚揚げお好み焼き／
鮭のやみつき炊き込みごはん

45 玉ねぎの豚すきの献立
玉ねぎの豚すき／ツナマヨれんこん／長芋のわさび和え

46 にんにく油鍋の献立
にんにく油鍋／さつまいもの甘辛バター

47 クリーミー豆乳鍋の献立
クリーミー豆乳鍋／にんじんチーズガレット

48 豚こまでチャーシュー風の献立
豚こまでチャーシュー風／
きゅうりと大葉のさっぱり和え／エビマヨ風のちくわマヨ

49 豚こまタルタル南蛮の献立
豚こまタルタル南蛮／塩昆布大葉大根漬け／
味噌マヨチーズはんぺん

50 甘辛やみつき豚バラえのきの献立
　甘辛やみつき豚バラえのき／
　カニマヨチーズ厚揚げ／白菜チョレギサラダ

CHAPTER 3
ひき肉のおかずの献立

52 ジューシー！レンジハンバーグの献立
　ジューシー！レンジハンバーグ／
　フライドにんじん／旨塩レモンキャベツ

54 キムチ麻婆豆腐の献立
　キムチ麻婆豆腐／居酒屋さんのやみつききゅうり／
　すりおろさない大根餅

55 包まない白菜シューマイの献立
　包まない白菜シューマイ／のり塩厚揚げ／
　旨辛やみつきニラ

56 ラクチン油揚げ餃子の献立
　ラクチン油揚げ餃子／きゅうりとカニカマの酢の物／
　ちくわの醤油マヨ炒め

57 世界一簡単な麻婆ナスの献立
　世界一簡単な麻婆ナス／えのきの丸ごと唐揚げ／
　オイマヨカニカマもやし

58 すき焼き風肉豆腐の献立
　すき焼き風肉豆腐／れんこんステーキ／
　キャベツ納豆サラダ

59 豚ひき白菜の旨煮の献立
　豚ひき白菜の旨煮／梅マヨちくわ／塩昆布クリチピーマン

60 ひき肉ステーキの献立
　ひき肉ステーキ／にんじんとコーンのグラッセ／
　コンソメスープ

61 カレーチーズつくねの献立
　カレーチーズつくね／ナスのケチャップチーズ焼き風／
　じゃがバターごはん

62 ヤンニョムソーセージエッグの献立
　ヤンニョムソーセージエッグ／
　レンジでツナじゃが／きのこのかき玉スープ

63 もやしチャンプルーの献立
　もやしチャンプルー／かぼちゃのそぼろあん／
　薬味きゅうり漬け

64 ミートソースで！トマトチーズ鍋の献立
　ミートソースで！トマトチーズ鍋／イタリアン漬けきゅうり

CHAPTER 4
揚げ焼きのおかずの献立

66 鶏むね肉のチーズカツレツの献立
　鶏むね肉のチーズカツレツ／レンジかぼちゃスープ／
　コーンソーセージ炊き込みごはん

68 オイごま油の豚こま唐揚げの献立
　オイごま油の豚こま唐揚げ／
　しいたけのマヨチーズ焼き／やみつきニラえのき

69 のり塩スティックチキンの献立
　のり塩スティックチキン／ツナ大根／すりごま豆腐

70 エビはんぺん春巻きの献立
　エビはんぺん春巻き／無限！白菜のハムサラダ／
　レンジ麻婆春雨

72 ピザ春巻きの献立
　ピザ春巻き／白菜とベーコンのスープ／
　ブロッコリーのツナマヨカレー

73 チキンナゲットの献立
　チキンナゲット／粉チーズズッキーニ／
　カレーミルクスープ

74 ツナはんぺんナゲットの献立
　ツナはんぺんナゲット／白菜の塩昆布マヨサラダ／
　丸ごとトマトチーズリゾット

76 揚げ玉とり天の献立
　揚げ玉とり天／オイマヨちくわもやし炒め／味噌ピーマン

78 ミルフィーユトンカツの献立
　ミルフィーユトンカツ／
　カニカマからしマヨキャベツ／梅なめたけ

CHAPTER 5
魚のおかずの献立

80 鮭のホイル焼き バターポン酢味の献立
　鮭のホイル焼き バターポン酢味／
　レンジカニカマ卵焼き／おつまみたくあん

81 甘辛やみつき漬けの献立
　甘辛やみつき漬け／丸ごとちくわパン粉焼き／
　塩昆布豆腐スープ

82 タラのねぎポン酢の献立
　タラのねぎポン酢／担々風肉豆腐／
　きゅうりのにんにく味噌漬け

83 いわしの梅煮の献立
　いわしの梅煮／ごぼうのザクザク揚げ／
　カニカマもやしのからしマヨ

84 鮭と玉ねぎのマヨチー焼きの献立
　鮭と玉ねぎのマヨチー焼き／アボカドキムチ豆腐／
　ピーマンの塩昆布佃煮

CHAPTER 6
パスタの献立

86 レモンクリームパスタの献立
　レモンクリームパスタ／ピーマンピザ

87 ナスとベーコンのケチャバタパスタの献立
　ナスとベーコンのケチャバタパスタ／
　ブロッコリーのクリチ和え

88 ツナとトマトの冷製塩昆布パスタの献立
　ツナとトマトの冷製塩昆布パスタ／
　豚バラとじゃがいもの甘辛炒め

89 焼き海苔だけパスタの献立
　焼き海苔だけパスタ／無限ちくわキャベツ

90 ケチャップカルボの献立
　ケチャップカルボ／レタスナッツサラダ

91	ソーセージのバターペペロンチーノの献立	114	食べたらカツ丼の献立
	ソーセージのバターペペロンチーノ／ナスの粉チーズまみれ		食べたらカツ丼／スタミナ冷や奴
92	和風カルボナーラの献立	115	食べたらキンパ丼の献立
	和風カルボナーラ／ベーコンときのこのカレースープ		食べたらキンパ丼／ニラ玉あんかけ
93	豚ニラスタミナパスタの献立	116	カルボナーラ丼の献立
	豚ニラスタミナパスタ／ベーコン大葉チーズ油揚げ		カルボナーラ丼／ケチャップコンソメスープ
94	和風明太子パスタの献立		
	和風明太子パスタ／オクラとベーコンのやみつき炒め		

CHAPTER 7
うどん&麺類の献立

96	鶏肉のあんかけ卵うどんの献立		
	鶏肉のあんかけ卵うどん／やみつき旨塩オクラ		
97	豚バラねぎの甘辛つけうどんの献立		
	豚バラねぎの甘辛つけうどん／おろしマヨ厚揚げ		
98	たらこクリームうどんの献立		
	たらこクリームうどん／オクラの豚バラ巻き		
99	オイ醤油焼きうどんの献立		
	オイ醤油焼きうどん／白菜のごま油ナムル		
100	レンジ揚げナスのぶっかけうどんの献立		
	レンジ揚げナスのぶっかけうどん／スパイシー厚揚げ		
101	カレー鶏南蛮そばの献立		
	カレー鶏南蛮そば／無限鰹節大根		
102	豚バラと白菜のあんかけ焼きそばの献立		
	豚バラと白菜のあんかけ焼きそば／おつまみちくわ		
103	長崎ちゃんぽん風ラーメンの献立		
	長崎ちゃんぽん風ラーメン／焼きコンソメバターポテト		
104	冷やし梅豚そうめんの献立		
	冷やし梅豚そうめん／ちくわの磯辺揚げもどき		

CHAPTER 9
グラタン&粉ものの献立

118	めっちゃ簡単なマカロニグラタンの献立
	めっちゃ簡単なマカロニグラタン／にんじんとカニカマのカレーマヨサラダ
119	てぬきドリアの献立
	てぬきドリア／旨塩バターブロッコリー
119	とろとろ明太餅チーズグラタンの献立
	とろとろ明太餅チーズグラタン／やみつきちくわきゅうり
120	フライパンたこ焼きの献立
	フライパンたこ焼き／めんつゆ塩昆布ポテト
121	ふわふわお好み焼きの献立
	ふわふわお好み焼き／ピリ旨ツナきゅうり

COLUMN
食パンの献立

122	ナポリタントーストの献立
	ナポリタントースト／コク旨クリームチーズスープ
123	キャベたまチーズトーストの献立
	キャベたまチーズトースト／トマトとカマンベールのオイルマリネ
124	ぷりぷりエビパンの献立
	ぷりぷりエビパン／カレーキャロットラペ
125	納豆チーズトーストの献立
	納豆チーズトースト／無限揚げ玉キャベツ
125	鯖缶和風マヨトーストの献立
	鯖缶トースト／さつまいものツナサラダ

126 食材別INDEX

CHAPTER 8
ごはんものの献立

106	即席ハヤシライスの献立
	即席ハヤシライス／ガーリックチーズキャベツ
108	テリマヨソーセージ丼の献立
	テリマヨソーセージ丼／和風ポテサラ
109	レンジベーコンエッグ丼の献立
	レンジベーコンエッグ丼／鶏むね肉とブロッコリーのやみつきマヨだれ
110	キムチチャーハンの献立
	キムチチャーハン／トマトと卵の中華炒め
111	カニカマ天津飯の献立
	カニカマ天津飯／白菜のカレーシーザーサラダ
112	サーモンのなめろう丼の献立
	サーモンのなめろう丼／即席海苔汁
113	スタミナ豚丼の献立
	スタミナ豚丼／ちくわと大根の青のりマヨサラダ

- 材料の表記は1カップ＝200cc(200ml)、大さじ1=15cc(15ml)、小さじ1=5cc(5ml)です。
- レシピには目安となる分量や調理時間を表記していますが、食材や調理器具によって個体差がありますので、様子を見ながら加減してください。
- 電子レンジの加熱時間は600Wのものを使用した場合の目安です。500Wの場合は、1.2倍を目安に様子を見ながら加熱時間を加減してください。
- フライパンは特に記載のないものは直径26cmで作ることを想定しています。
- トースターは1300W・200℃のものを使用した場合の目安です。温度設定のできないトースターや、機種ごとの個体差もありますので、様子を見ながら加減してください。
- 火加減は、特に指定のない場合は、中火で調理しています。
- 「野菜を洗う」「皮をむく」「へたを取る」などの基本的な下ごしらえは省略しています。

CHAPTER

1

鶏肉の
おかず
の献立

コスパ最強＆美味しくて、
みんな大好きな鶏肉のおかずをドーンとご紹介！
ワンパンレシピやレンチンレシピなど、
もちろんどれも超手抜き。
ジューシーな鶏もも肉のレシピ、ヘルシーな鶏むね肉のレシピなど、
今日の気分で選んでみてください♪

カリカリチキンの玉ねぎソースの献立

メインは甘酸っぱい玉ねぎソースの絶品チキン！
副菜はどっちもレンジで手抜き！

カリカリチキンの玉ねぎソース

材料 2人分

鶏もも肉…300g　　　ブラックペッパー…少々　　　油…大さじ1
塩…小さじ1/4　　　片栗粉…大さじ2　　　玉ねぎ…1/2個

A［砂糖…大さじ1と1/2　　みりん…大さじ1と1/2　　にんにくチューブ・
　　醤油…大さじ2　　　　酢…大さじ1　　　　　　　しょうがチューブ…各3cm］

作り方

1 鶏肉はキッチンバサミで一口大に切り、火をつける前のフライパンに入れる。塩、ブラックペッパー、片栗粉を入れ、菜箸で絡めるように混ぜながらまぶす。

2 鶏肉の皮目を下にして油を回しかけ、点火する。6分ほど、皮がカリカリになるまで焼く。裏返して2分焼き、皿に盛る。

3 フライパンの余分な油をペーパーでふき取る。玉ねぎをすりおろして入れ、**A**を加えて5分煮詰め、**2**の鶏肉にかける。

ブロッコリーのごま油ナムル

材料 2人分

ブロッコリー
…1/2株(120g)　　A［鶏ガラスープの素…小さじ1/2　　ごま油…小さじ2
塩…適量　　　　　　　白いりごま…小さじ2　　　　にんにくチューブ…3cm］

作り方

1 ブロッコリーは小房に分け、茎は皮のかたい部分を厚めに切り落として食べやすい大きさに切る。

2 耐熱ボウルに**1**を入れ、ふんわりとラップをして電子レンジで2分30秒ほど加熱する。

3 **A**を加えて混ぜ合わせ、塩で味を調える。

えのきとカニカマの旨和え

材料 2人分

えのき…1パック(100g)　　A［マヨネーズ…小さじ1　　塩…適宜
カニ風味かまぼこ…3本　　　ポン酢醤油…小さじ1］

作り方

1 えのきはキッチンバサミで2〜3cm幅に切って耐熱ボウルに入れ、くっついている部分はほぐす。ふんわりとラップをして電子レンジで2分加熱する。

2 粗熱が取れたら、カニ風味かまぼこをさいて加える。**A**を加えて混ぜ合わせ、塩で味を調える。

とろ～りピザチキンの献立

ピザ風味のジューシーチキンに
とろ～りチーズが相性抜群！

とろ～りピザチキン

材料 2人分

鶏むね肉…300g
塩・ブラックペッパー…各適量

片栗粉…大さじ3
油…大さじ2

ピザソース…大さじ5
ピザ用チーズ…40g

作り方

1 鶏肉は繊維をたつように厚さ5mmほどのそぎ切りにし、火をつける前のフライパンに入れる。塩、ブラックペッパー、片栗粉を入れ、菜箸で絡めるように混ぜながらまぶす。

2 油を回しかけて点火し、3分30秒焼く。

3 裏返したらピザソースを全体にかけ、チーズをのせる。ふたをして弱中火で2分焼く。

> **MEMO**
> ピザソースがない場合はケチャップ大さじ3、マヨネーズ大さじ1、にんにくチューブ3cm、ブラックペッパー適量を混ぜ合わせたものでもOK！

ツナとキャベツのマスタードマヨサラダ

材料 2人分

キャベツ…1/6個(200g)
ツナ缶(油漬け)…1/2缶

A ┌ マヨネーズ…大さじ1
│ 砂糖…小さじ3/4
└ 粒マスタード…小さじ1

塩・ブラックペッパー
…各少々

作り方

1 キャベツは手でちぎり、耐熱ボウルに入れる。ふんわりとラップをし、電子レンジで5分加熱する。

2 水にさらして冷やし、しっかりと水気を絞り、ボウルに戻す。

3 2にツナ缶を油ごと加え、**A**を加えて混ぜ合わせ、塩とブラックペッパーで味を調える。

きのこのガーリックコンソメマリネ

材料 2人分

しめじ
…1パック(100g)
エリンギ…100g

A ┌ 砂糖…大さじ2/3
│ オリーブオイル…大さじ1と1/2
│ 酢…大さじ1/2
└ 塩・ブラックペッパー…各適量

顆粒コンソメ…小さじ2
にんにくチューブ…5cm
一味唐辛子…少々

作り方

1 ほぐしたしめじと手でさいたエリンギを耐熱ボウルに入れる。ふんわりとラップをして電子レンジで3分加熱する。

2 **A**を加えて混ぜ、塩とブラックペッパーで味を調える。

> **MEMO**
> 冷やしても美味しいです！

CHAPTER 1 鶏肉のおかずの献立

オーロラタルタル照り焼きチキンの献立

甘辛照り焼きにケチャマヨタルタルをオン！
白和えは袋に入れて混ぜるだけ！

オーロラタルタル照り焼きチキン

材料 2人分

卵…2個
鶏もも肉…300g
片栗粉…大さじ1
油…小さじ2

A [砂糖…大さじ1 / 醤油…大さじ2 / みりん…大さじ1]

B [マヨネーズ…大さじ4 / 砂糖…小さじ1 / ケチャップ…小さじ2]

作り方

1. 耐熱容器に卵を割り入れ、黄身を軽く崩す。ふんわりとラップをして電子レンジで1分30秒加熱し、様子を見ながら火が通るまで追加で加熱する。菜箸などで細かくして粗熱を取る。
2. 鶏肉はキッチンバサミで一口大に切り、火をつける前のフライパンに入れる。片栗粉を入れて菜箸で絡めるように混ぜながらまぶす。
3. 鶏肉の皮目を下にして油を回しかけ、点火する。5分ほど、皮がカリカリになるまで焼く。裏返して4分焼く。
4. 余分な油をペーパーでふき取る。Aを加えて2分ほど煮詰めながら絡め、器に盛る。
5. 1の卵にBを混ぜ、4にかける。

てぬき白和え

材料 2人分

木綿豆腐…150g
乾燥わかめ…大さじ2
すりごま…大さじ1と1/2
砂糖…大さじ1/2
めんつゆ(4倍濃縮)…大さじ1

作り方

1. すべての材料をポリ袋に入れ、豆腐が滑らかになるまでよく揉み混ぜる。
2. わかめが戻るまで、15分ほどおく。

とろとろ漬けねぎ

材料 2人分

長ねぎ…2本
めんつゆ(4倍濃縮)…大さじ2
水…大さじ1
ごま油…大さじ1
鰹節…1袋(2g)

作り方

1. 長ねぎはキッチンバサミで3cm幅に切り、耐熱ボウルに入れる。ふんわりとラップをして電子レンジで5分加熱する。
2. 残りのすべての材料を加えて混ぜ合わせ、冷蔵庫で15分以上冷やす。

鶏むね肉のねぎマヨポンの献立

ねぎが香る和風マヨソース。
鶏むね肉がしっとり仕上がります！

鶏むね肉のねぎマヨポン

材料 2人分

小ねぎ…2〜3本
鶏むね肉…300g
片栗粉…大さじ3
油…大さじ2
A [マヨネーズ…大さじ2
    ポン酢醤油…大さじ2]

作り方

1. 小ねぎは小口切りに、鶏肉は繊維をたつように厚さ5mmほどのそぎ切りにする。
2. 火をつける前のフライパンに1の鶏肉と片栗粉を入れ、菜箸で絡めるように混ぜながらまぶす。
3. 油を回しかけて点火し、4分30秒ほど焼く。裏返して1分焼く。
4. 火を止めてAを入れ、手早く混ぜて器に盛り、小ねぎをトッピングする。

塩昆布冷や奴

材料 2人分

絹豆腐…300g　　ごま油…小さじ4
塩昆布…大さじ3　わさび…適量

作り方

1. 絹豆腐を器に盛り、上に塩昆布をのせてごま油を回しかけ、わさびを添える。

やみつきカニカマ大根

材料 2人分

大根…5cm(130g)
カニ風味かまぼこ
　…5本
焼き海苔(3切)
　…1枚
A [鰹節…1袋(2g)
    白いりごま…小さじ2
    砂糖…小さじ1と1/2
    醤油…小さじ2と1/2
    ごま油…小さじ2]

作り方

1. 大根はスライサーで千切りにしてポリ袋に入れる。
2. 手でさいたカニ風味かまぼこ、細かくちぎった海苔、Aを加え、ふり混ぜる。
   POINT　水分が出てくるので食べる直前に和える。

たらマヨチキンの献立

ささみがたらマヨソースで濃厚＆クリーミーに大変身♪

たらマヨチキン

材料 2人分

- 鶏ささみ…300g
- 片栗粉…大さじ3
- 油…大さじ2
- A
  - バター…5g
  - たらこ…大さじ3強（50g）
  - マヨネーズ…大さじ2
  - めんつゆ（4倍濃縮）…大さじ1/2

作り方

1. ささみはキッチンバサミで一口大に切り、火をつける前のフライパンに入れる。片栗粉を入れ、菜箸で絡めるように混ぜながらまぶす。
2. 油を回しかけて点火し、4分ほど焼く。こんがりしたら裏返し、3分ほど焼く。
3. ボウルに**2**と**A**を入れ、バターが溶けるまで混ぜる。

きゅうりと豆腐の梅サラダ

材料 2人分

- きゅうり…1/2本
- 梅干し…大3個
- 木綿豆腐…150g
- A
  - 鰹節…1袋（2g）
  - 白いりごま…大さじ2/3
  - ポン酢醤油…大さじ1
  - ごま油…大さじ1/2

作り方

1. きゅうりは薄い輪切りにし、梅干しは種を取って叩く。
2. ボウルに**1**、手でちぎった木綿豆腐、**A**を入れて混ぜ合わせる。

枝豆と塩昆布の混ぜごはん

材料 2人分

- 枝豆（冷凍）…140g
- 温かいごはん…300g
- 塩昆布…大さじ2
- 白いりごま…小さじ2
- めんつゆ（4倍濃縮）…小さじ1
- 塩…少々

作り方

1. 枝豆を解凍し、実を取り出してボウルに入れる。
2. 塩以外のすべての材料を入れて混ぜ合わせ、塩で味を調える。

鶏むね肉の大葉バター照り焼きの献立

大葉の香りの和風照り焼きチキン。
とろ〜り卵はごはんにのせるのがオススメ！

鶏むね肉の大葉バター照り焼き

材料 2人分

- 大葉…7枚
- 鶏むね肉…300g
- 片栗粉…大さじ3
- 油…大さじ2
- A
  - バター…8g
  - みりん…大さじ3
  - 醤油…大さじ1と1/2
  - にんにくチューブ…3cm

作り方

1. 大葉は千切りにし、鶏肉は繊維をたつように厚さ5mmほどのそぎ切りにする。
2. 火をつける前のフライパンに1の鶏肉と片栗粉を入れ、菜箸で絡めるように混ぜながらまぶす。
3. 油を回しかけて点火し、4分30秒ほど焼く。裏返して1分焼く。
4. Aを加え、40秒ほど煮詰めながら絡めたら火を止め、1の大葉を加えてサッと混ぜ合わせる。

にんじんのごま和え

材料 2人分

- にんじん…1本
- A
  - すりごま…大さじ2と1/2
  - めんつゆ(4倍濃縮)…大さじ1
  - 砂糖…小さじ1と1/3
  - ごま油…小さじ2

作り方

1. にんじんはスライサーで千切りにして耐熱ボウルに入れる。
2. ふんわりとラップをし、電子レンジで2分加熱する。
3. Aを加えて混ぜ合わせる。

やみつき卵

材料 2人分

- 卵…2個
- A
  - 長ねぎ(みじん切り)…1/4本分
  - 白いりごま…小さじ1
  - 砂糖…小さじ1/2
  - めんつゆ(4倍濃縮)…小さじ1
  - オイスターソース…小さじ1
  - ごま油…小さじ1
  - にんにくチューブ…3cm
  - 一味唐辛子…5ふり

作り方

1. 沸騰した湯に、冷蔵庫から出したばかりの卵を入れて6〜7分茹でる。水で冷やして殻をむく。
   POINT とろとろの黄身なら6分、少しかたまって真ん中がトロッとするくらいなら7分が目安。
2. Aを混ぜ合わせ、ゆで卵にかける。

MEMO タレの分量は多め。ごはんに卵とタレをかけて食べると美味しくてオススメ！

鶏肉のチリソースの献立

エビチリならぬ鶏チリ！
甘辛い味つけでごはんがどんどん進みます♪

鶏肉のチリソース

材料 2人分

長ねぎ…1/2本
鶏もも肉…300g
片栗粉…大さじ3
油…大さじ2

A
砂糖…大さじ1
ケチャップ…大さじ3
鶏ガラスープの素…小さじ1

豆板醤…小さじ2/3
にんにくチューブ・
　しょうがチューブ…各4cm

作り方

1 長ねぎはみじん切りに、鶏肉は一口大に切る。

2 火をつける前のフライパンに鶏肉と片栗粉を入れ、菜箸で絡めるように混ぜながらまぶす。

3 鶏肉の皮目を下にして油を回しかけ、点火する。5分ほど、皮がカリカリになるまで焼く。裏返して5分焼く。

4 余分な油をペーパーでふき取る。Aと1の長ねぎを加え、30秒ほど手早く絡めるように混ぜる。

レンジでひじきの煮物

材料 2人分

乾燥ひじき…10g
にんじん…1/3本(50g)
油揚げ…1/2枚

A
水…大さじ4
みりん…大さじ1と1/2
ごま油…小さじ1

めんつゆ(4倍濃縮)…大さじ1
醤油…小さじ2

作り方

1 乾燥ひじきは袋の表示通りに戻して、しっかりと水気を絞る。にんじんと油揚げは細切りにする。

2 1、Aを耐熱ボウルに入れてサッと混ぜ合わせ、ふんわりとラップをして電子レンジで7分加熱する。

3 ごま油を加え、混ぜ合わせる。

もやしとハムの中華ナムル

材料 2人分

もやし…1袋(200g)
ハム…2枚

A
ごま油…大さじ1
すりごま…小さじ2

鶏ガラスープの素…小さじ2/3
めんつゆ(4倍濃縮)…小さじ1

焼き海苔(3切)
…1枚

作り方

1 耐熱ボウルにもやしを入れ、ふんわりとラップをして電子レンジで3分加熱する。

2 水にさらして冷やし、しっかりと水気を絞り、ボウルに戻す。

3 ハムをキッチンバサミで細切りにして加え、Aと細かくちぎった海苔を加え、混ぜ合わせる。

チーズダッカルビの献立

旨辛な鶏肉と濃厚なチーズの相性ぴったり。
アツアツを召し上がれ♪

チーズダッカルビ

材料 2人分

鶏もも肉…250g
ごま油…小さじ1
A [白菜キムチ…100g
　　焼肉のタレ…大さじ3
　　コチュジャン…大さじ1]
ピザ用チーズ…50g

作り方

1. 鶏肉は2cm角に切る。
2. フライパンにごま油を熱し、鶏肉の皮目を下にして入れ、3分ほど皮がカリカリになるまで焼く。裏返して1分焼く。
3. Aを加えて1分ほど炒める。チーズをのせてふたをし、弱火で1分30秒ほどチーズが溶けるまで加熱する。

トマトキムチナムル

材料 2人分

トマト…1個
焼き海苔(3切)…1枚
塩…適量
A [白菜キムチ…40g
　　鶏ガラスープの素…小さじ1/2
　　ごま油…小さじ2]

作り方

1. トマトは8等分のくし形切りにし、さらに半分に切る。
2. ボウルに1、細かくちぎった海苔、Aを入れて混ぜ合わせ、塩で味を調える。

卵の中華スープ

材料 2人分

A [水…400cc
　　鶏ガラスープの素…小さじ2
　　醤油…小さじ2]
卵…1個
ごま油…小さじ1
塩…適宜

作り方

1. 小鍋にAを入れて、煮立たせる。
2. 火を止め、溶いた卵を細長く回し入れる。ごま油を加え、塩で味を調える。

バーベキューチキンの献立

身近な材料でチキンがバーベキューソース味に。
甘くて美味しいかぼちゃサラダを添えてどうぞ！

バーベキューチキン

材料 2人分

鶏手羽元…8本
片栗粉…大さじ2
油…大さじ1

A
［砂糖…大さじ3
鶏ガラスープの素…大さじ1/2
ケチャップ…大さじ3
ウスターソース…大さじ1と1/2
ブラックペッパー…少々
にんにくチューブ…6cm］

作り方

1 火をつける前のフライパンに手羽元と片栗粉を入れ、菜箸で絡めるように混ぜながらまぶす。

2 油を回しかけ、点火する。ふたをして弱中火で12分焼く。裏返して再度ふたをし、6分焼く。

3 ふたを取って余分な油をペーパーでふき取る。Aを加えて2分ほど煮絡める。

かぼちゃのほぼデザートサラダ

材料 2人分

かぼちゃ…1/6個（200g）
ミックスナッツ…15g
クリームチーズ（「キリ クリームチーズ」を使用）…2個（約32g）
はちみつ…大さじ1

作り方

1 かぼちゃは2cm角に切り、耐熱ボウルに入れる。ふんわりとラップをして電子レンジで5分加熱する。

2 ミックスナッツは刻む。

3 1にクリームチーズをちぎって加え、2のナッツとはちみつを加えてかぼちゃを軽く潰しながら混ぜる。

> **MEMO**
> はちみつはお好みで増減して。レーズンを入れてもOKです！

無限ブロッコリー

材料 2人分

ブロッコリー…1/2株（120g）
塩…適量

A
［塩昆布…大さじ2
ごま油…大さじ1
白いりごま…小さじ2］

作り方

1 ブロッコリーは小房に分けて耐熱ボウルに入れ、ふんわりとラップをして電子レンジで2分30秒加熱する。

2 Aを加えて混ぜ合わせ、塩で味を調える。

CHAPTER 1 —— 鶏肉のおかずの献立

鶏肉とレタスの やみつき旨塩炒めの献立

旨塩炒めはごま油&
にんにく風味で、
箸が止まらない！
切り干し大根はサラダ風で♪

鶏肉とレタスのやみつき旨塩炒め

材料 2人分

鶏もも肉…300g
レタス…1/2個(150g)
A
- 酒…大さじ1
- ごま油…大さじ1
- 鶏ガラスープの素…小さじ1/2
- 塩…小さじ1/2
- にんにくチューブ…5cm

作り方

1. 鶏肉はキッチンバサミで一口大に切る。
2. フライパンを熱し、鶏肉の皮目を下にして入れ、4分ほど皮がカリカリになるまで焼く。裏返して弱中火にし、3分30秒焼く。
3. 一旦火を止め、レタスをちぎって加え、Aを加える。再度点火し、中火で1分弱炒め合わせる。

POINT 味が足りない場合は塩で調整する。

和風ジャーマンポテト

材料 2人分

じゃがいも…1個
玉ねぎ…1/4個
ハーフベーコン…2枚
焼き海苔(3切)…1枚
A
- バター…5g
- めんつゆ(4倍濃縮)…小さじ2

作り方

1. じゃがいもは2～3cm角に、玉ねぎは薄切りに、ベーコンは5mm幅に切る。
2. 耐熱ボウルに1を入れ、ふんわりとラップをして4分加熱する。
3. 海苔を細かくちぎって加え、Aを加えて混ぜ合わせる。

切り干し大根のマヨポンサラダ

材料 2人分

切り干し大根…30g
ツナ缶(油漬け)…1缶
マヨネーズ…大さじ1と1/3
ポン酢醤油…大さじ1と1/3
ラー油…適量

作り方

1. 切り干し大根は水に10分ほどつけて、しっかりと水気を絞る。
2. ボウルに1とツナ缶を油ごと入れ、残りのすべての材料を加えて混ぜ合わせる。

串なし焼き鳥の献立

しっとりジューシーに仕上がるお手軽焼き鳥。
ごはんはさつまいもをドーンとのせて炊くだけ！

串なし焼き鳥

材料 2人分

長ねぎ…1本
鶏もも肉…300g
油…大さじ1/2
A [砂糖…大さじ1
    醤油…大さじ2と1/2
    みりん…大さじ2]
塩…適量

作り方

1. 長ねぎは3cm幅に、鶏肉は一口大に切る。
2. フライパンに油を熱し、1を入れて2分焼き、裏返して30秒焼く。
3. 余分な油をペーパーでふき取る。Aを加えて6分煮詰め、塩で味を調える。

豆腐のユッケ

材料 2人分

きゅうり…1/3本　長ねぎ…少々
A [コチュジャン…小さじ1と1/2
    醤油・焼肉のタレ・ごま油…各小さじ1
    豆板醤…小さじ1/3]
絹豆腐…150g　白いりごま…少々
卵黄…1個

作り方

1. きゅうりは細切りに、長ねぎは小口切りにする。
2. ボウルにAを入れて混ぜ合わせる。絹豆腐をスプーンで一口大にすくって入れ、絡めたら器に盛る。
3. 1、卵黄、白いりごまをトッピングする。

さつまいも塩バターごはん

材料 2人分

米…2合
A [みりん…大さじ3
    塩…小さじ3/4]
さつまいも…1本(250g)
B [バター…10g
    黒いりごま…大さじ1]
塩…適量

作り方

1. 内釜にといだ米とAを入れる。水(分量外)を2合の目盛りまで注いで混ぜる。
2. 両端を切り落としたさつまいもをのせ、通常炊飯する。
   POINT さつまいもが太い場合や長すぎる場合は半分に切る。早炊きはさつまいもに火が通りにくいので通常炊飯する。
3. 炊けたらBを入れ、さつまいもをほぐしながら混ぜ、塩で味を調える。

CHAPTER 1 ── 鶏肉のおかずの献立

レンジねぎ塩蒸し鶏の献立

鶏むね肉がレンジでしっとりやわらかに。
シンプルなねぎ塩ダレで何度でも食べたくなる味!

レンジねぎ塩蒸し鶏

材料 2人分

長ねぎ…1/2本
鶏むね肉…300g

A
鶏ガラスープの素…大さじ1/2
ごま油…大さじ2
塩…少々
ブラックペッパー…少々

B
酒…大さじ1
塩…小さじ1/4
砂糖…小さじ1
片栗粉…小さじ1

作り方

1 長ねぎは粗みじん切りにし、ボウルに入れて**A**と混ぜる。

2 鶏肉は繊維をたつように厚さ5mmほどのそぎ切りにし、耐熱ボウルに入れる。**B**を加えてフォークで穴をたくさん開けながら混ぜる。

3 ふんわりとラップをして電子レンジで4分加熱し、そのまま5分ほどおいて余熱で中まで火を通す。

4 鶏肉を器に盛り、**1**をかける。

ヤンニョム厚揚げ

材料 2人分

絹厚揚げ…2枚(300g)
片栗粉…大さじ2
ごま油…大さじ1

A
砂糖…大さじ1/2
醤油…大さじ1/2
みりん…大さじ1/2
コチュジャン…大さじ1
ケチャップ…大さじ2/3
にんにくチューブ…3cm

白いりごま
…小さじ1

作り方

1 厚揚げをそれぞれ9等分に切り、ポリ袋に入れる。片栗粉を加えてふり、全体にまぶす。

2 フライパンにごま油を熱し、**1**の全面をカリッと焼く。
POINT 転がしながら、各面1分程度、こんがりと焼く。

3 一旦火を止め、**A**を加える。再度点火し、全体に調味料を絡めるように炒め、白いりごまをふる。

ピーマンの揚げ浸し風

材料 2人分

ピーマン…5個
ごま油…大さじ1

A
鰹節…1袋(2g)
水…大さじ2
めんつゆ(4倍濃縮)…大さじ1

作り方

1 ピーマンは手で縦半分に割って耐熱ボウルに入れ、ごま油を加えて全体に絡める。ふんわりとラップをして電子レンジで5分加熱する。
POINT ピーマンのヘタと種はそのままでOK。

MEMO
冷蔵庫で冷やしても美味しい!

2 **A**を加えて混ぜ、粗熱を取る。

CHAPTER 1 鶏肉のおかずの献立

とろとろナスと鶏肉の甘酢炒めの献立

ナスはとろっ＆鶏肉は
カリッとジューシー。
甘酢味が後を引く美味しさ！

とろとろナスと鶏肉の甘酢炒め

材料 2人分

ナス…2本
鶏もも肉…200g
片栗粉…大さじ1と1/2
油…大さじ3
A［砂糖…大さじ1と1/2
　醤油…大さじ1と1/2
　みりん…大さじ1と1/2
　酢…大さじ1と1/2］

作り方

1. ナスは乱切りにし、鶏肉は一口大に切る。
2. 火をつける前のフライパンに1と片栗粉を入れ、菜箸で絡めるように混ぜながらまぶす。
3. 鶏肉の皮目を下にして油を回しかけ、点火する。4分ほど、皮がカリカリになるまで焼く。裏返し、ふたをして弱中火にし、4～5分ナスがやわらかくなるまで蒸し焼きにする。
4. Aを加えて1分煮詰める。

無限マヨにんじん

材料 2人分

にんじん…1本
マヨネーズ…大さじ2
白いりごま…小さじ4
鶏ガラスープの素…小さじ2/3
ごま油…小さじ2

作り方

1. にんじんはスライサーで千切りにしてボウルに入れる。
2. 残りのすべての材料を加えて混ぜ合わせる。

えのきバター

材料 2人分

えのき…2パック(200g)
バター…5g
めんつゆ(4倍濃縮)…大さじ1
にんにくチューブ…2cm
ブラックペッパー…適量

作り方

1. えのきは3等分に切り、くっついている部分はほぐす。
2. 1を耐熱ボウルに入れ、ふんわりとラップをして電子レンジで2分30秒加熱する。
3. 残りのすべての材料を加えて混ぜ合わせる。

甘辛にんにくチキンの献立

カリッと焼いたチキンに甘辛いタレが絶品！ごはんにはもちろん、おつまみにもぴったり。

甘辛にんにくチキン

材料 2人分

鶏手羽中…14本
片栗粉…大さじ3
油…大さじ2

A［砂糖…大さじ1と1/2
　白いりごま…大さじ1/2
　醤油…大さじ1と1/2
　にんにくチューブ…4cm］

作り方

1. 火をつける前のフライパンに手羽中と片栗粉を入れ、菜箸で絡めるように混ぜながらまぶす。
2. 鶏肉の皮目を下にして油を回しかけ、ふたをして点火する。8分ほど皮がカリカリになるまで焼く。裏返してふたをし、5分焼く。ふたを取って強中火にし、2分ほど全体がこんがりするまで焼く。
3. 火を止めて、余分な油をペーパーでふき取り、Aを加えて全体に絡める。
   POINT 味が足りなければ塩をふる。

白菜のごま和え

材料 2人分

白菜…1/8株（200g）

A［すりごま…大さじ2
　砂糖…大さじ1/2
　めんつゆ(4倍濃縮)…小さじ2］

作り方

1. 白菜は2cm幅に切る。
2. 1を耐熱ボウルに入れ、ふんわりとラップをし、電子レンジで4分加熱する。
3. 水にさらして冷やし、しっかりと水気を絞り、ボウルに戻す。
4. Aを加えて混ぜ合わせる。

揚げ出し風温泉卵

材料 2人分

卵…2個
めんつゆ(4倍濃縮)…大さじ1
揚げ玉…大さじ2
小ねぎ(小口切り)…適宜

作り方

1. 小さめの耐熱容器に卵1個を割り入れ、爪楊枝で黄身に2〜3か所穴を開ける。
2. めんつゆ大さじ1/2、水大さじ1と2/3(分量外)を加え、ふんわりとラップをして電子レンジで1分加熱する。
   POINT 卵が好みのかたさになるまで10秒ずつ追加加熱する。
3. 揚げ玉大さじ1と、好みで小ねぎをトッピングする。もう1個も同様に作る。

> **MEMO**
> 卵2個を同時に作る場合は、めんつゆ大さじ1と水大さじ3と1/3を入れ、電子レンジで1分40秒加熱します。

CHAPTER 1　鶏肉のおかずの献立

にんにくハニーバター醤油チキンの献立

おうちにある材料でデリ風のメインが完成♪
ハニーバター＆にんにく醤油はやみつきの美味しさ！

にんにくハニーバター醤油チキン

材料 2人分

鶏もも肉…300g
片栗粉…大さじ3
油…大さじ2
A［はちみつ…大さじ1と1/2
　　醤油…小さじ2
　　バター…15g
　　にんにくチューブ…4cm］
塩…少々

作り方

1 鶏肉はキッチンバサミで一口大に切り、火をつける前のフライパンに入れる。片栗粉を入れ、菜箸で絡めるように混ぜながらまぶす。

2 鶏肉の皮目を下にして油を回しかけ、点火する。5分ほど、皮がカリカリになるまで焼く。裏返して5分焼く。

3 余分な油をペーパーでふき取る。Aを加えて1分ほど炒めながら絡め、塩で味を調える。

POINT 一度火を止めてからAを入れると焦らずできる。

ナスの揚げ浸し風

材料 2人分

ナス…2本（200g）
油…大さじ2
A［ポン酢醤油…大さじ2
　　砂糖…小さじ1］

作り方

1 ナスは小さめの乱切りにする。

2 耐熱ボウルに1と油を入れ、全体に絡める。ふんわりとラップをして電子レンジで8分加熱する。

3 Aを加えて混ぜ合わせ、粗熱を取る。

POINT 冷やしても美味しい。

もやしのサッパリ梅ナムル

材料 2人分

もやし…1袋（200g）
梅干し…大3個
塩…少々
A［塩昆布…大さじ1と1/2
　　ごま油…大さじ1
　　白いりごま…小さじ1］

作り方

1 耐熱ボウルにもやしを入れ、ふんわりとラップをして電子レンジで3分加熱する。

2 梅干しは種を取って叩く。

3 1を水にさらして冷やし、しっかりと水気を絞り、ボウルに戻す。

4 2、Aを加えて混ぜ合わせ、塩で味を調える。

トマトクリームシチューの献立

トマト缶、生クリームいらずのてぬきシチュー！
じゃがいもはレンジ加熱して時短。

トマトクリームシチュー

材料 2人分

じゃがいも…2個
玉ねぎ…1/4個
鶏もも肉…200g
バター…15g
薄力粉…大さじ2
A [牛乳…300cc
　　水…100cc
　　ケチャップ…大さじ3]
塩・ブラックペッパー…各適量

作り方

1. じゃがいもは2cm角に切り、耐熱ボウルに入れて電子レンジで7分加熱する。
2. 玉ねぎは薄切りに、鶏肉は2cm角に切る。
3. フライパンを熱し、鶏肉の皮目を下にして入れ、2分焼く。裏返して1分焼く。
4. 玉ねぎとバターを入れて2分炒める。じゃがいもと薄力粉を加え、30秒ほど炒めながら絡める。
5. 粉っぽさがなくなったらAを加え、軽くとろみがつくまで混ぜながら4〜5分煮る。塩とブラックペッパーで味を調える。

ブロッコリーと卵のデリサラダ

材料 2人分

ブロッコリー…1/2株(120g)
卵…2個
A [マヨネーズ…大さじ3
　　砂糖…小さじ3/4
　　酢…小さじ1
　　粒マスタード…小さじ3/4]
塩・ブラックペッパー…各少々

作り方

1. ブロッコリーはキッチンバサミで小房に切り分け、耐熱ボウルに入れる。
   POINT 大きい房はキッチンバサミで茎に縦に切り込みを入れ、さくようにするとやりやすい。
2. 1に卵を割り入れ、黄身を軽く溶く。ふんわりとラップをし、電子レンジで3分加熱する。
   POINT 卵に火が通っていない場合は10秒ずつ追加加熱する。
3. 卵を細かく崩すように菜箸で混ぜ、粗熱を取る。
4. Aを加えて混ぜ合わせ、塩とブラックペッパーで味を調える。

CHAPTER 1 鶏肉のおかずの献立

レンジ ラタトゥイユ の献立

ラタトゥイユがレンジだけで本格的な味わいに！
冷やしても温めても美味しいレシピです。

レンジラタトゥイユ

材料 2人分

トマト…1個
ナス…1本
玉ねぎ…1/2個
鶏もも肉…300g

A [
砂糖…大さじ1/2
コンソメ…大さじ1/2
ケチャップ…大さじ4
オリーブオイル…大さじ1
にんにくチューブ…5cm
]

塩・ブラックペッパー…各適量

作り方

1. トマト、ナス、玉ねぎは1cm角に、鶏肉は2cm角に切る。
2. 耐熱ボウルに**1**と**A**を入れてサッと混ぜ合わせる。
3. ふんわりとラップをし、電子レンジで15分加熱する。塩とブラックペッパーで味を調える。

ベーコンチーズ スクランブルエッグ

材料 2人分

オリーブオイル…大さじ1/2
ハーフベーコン…4枚
卵…4個
ピザ用チーズ…30g
めんつゆ(4倍濃縮)…小さじ2

作り方

1. フライパンにオリーブオイルを熱し、ベーコンをキッチンバサミで7mm幅に切って入れ、1分ほど炒める。
2. 卵を割り入れ、チーズ、めんつゆを加えて手早く混ぜ、ふわとろになったら取り出す。

チキンとかぼちゃのクリーム煮の献立

クリーム煮でも、生クリームなし！
シーザーサラダにはレンジ温玉を絡めて召し上がれ♪

チキンとかぼちゃのクリーム煮

材料 2人分

- かぼちゃ…1/6個（200g）
- 玉ねぎ…1/4個
- 鶏もも肉…200g
- バター…20g
- 薄力粉…大さじ2
- A [牛乳…400cc / 顆粒コンソメ…小さじ2]
- 塩…適量

作り方

1. かぼちゃは2cm角に切り、耐熱ボウルに入れてふんわりとラップをし、電子レンジで5分加熱する。
2. 玉ねぎは薄切りに、鶏肉は2cm角に切る。
3. フライパンを熱し、鶏肉の皮目を下にして入れ、2分焼く。裏返して1分焼く。
4. 玉ねぎとバターを加えて2分炒める。かぼちゃと薄力粉を加え、30秒ほど炒めながら絡める。
5. 粉っぽさがなくなったらAを加え、とろみがつくまで混ぜながら4〜5分煮る。塩で味を調える。

白菜シーザーサラダ

材料 2人分

- ハーフベーコン…4枚
- A [粉チーズ…大さじ2 / マヨネーズ…大さじ6 / 牛乳…大さじ2 / 砂糖…小さじ2 / レモン汁…小さじ2 / にんにくチューブ…3cm / ブラックペッパー…適量]
- 卵…2個
- 白菜…1/8株（200g）

作り方

1. ベーコンはキッチンバサミで7mm幅に切る。アルミホイルに並べてトースターで4〜5分焼く。
2. Aをボウルに入れてよく混ぜ、ドレッシングを作る。
3. 卵を小さい耐熱容器に割り入れ、爪楊枝で黄身に穴を開けて水大さじ3（分量外）を入れる。電子レンジで1分〜1分30秒加熱して、水を切る。
   POINT 卵は2個同時に作る。好みのかたさになるよう、加熱時間は調整して。
4. 白菜を手でちぎって皿に盛り、1のベーコンを散らし、3の温泉卵をトッピングし、2のドレッシングをかける。
   POINT ドレッシングはやや多めにできるので、好みの分量をかける。

もつ鍋風鶏鍋の献立

鶏肉で作るもつ鍋なら、いつでも気軽に作れます♪
ごはんは締めで雑炊にしても！

もつ鍋風鶏鍋

材料 2人分

キャベツ…1/5個（250g）
ニラ…1/4束
鶏もも肉…200g
A [水…250cc
　　鶏ガラスープ…大さじ1
　　めんつゆ（4倍濃縮）…大さじ1
　　味噌…小さじ1
　　にんにくチューブ…8cm]
白いりごま…小さじ1弱
鷹の爪（輪切り）…適宜

作り方

1. キャベツはざく切りに、ニラは4cm幅に、鶏肉は一口大に切る。
2. 鍋にAを入れて混ぜ、鶏肉とキャベツを加えてふたをし、ときどき混ぜながら強中火で8分加熱する。
3. 火が通ったらニラを入れ、白いりごまと、好みで鷹の爪をトッピングし、30秒ほどニラが軽くクタッとするまで加熱する。

POINT 鷹の爪は一味唐辛子で代用してもOK。

新玉ねぎの超速サラダ

材料 2人分

新玉ねぎ…1/2個
鰹節…1袋（2g）
ポン酢醤油…適量
マヨネーズ…適量

作り方

1. 新玉ねぎはスライサーで薄切りにして器に盛る。
2. 鰹節とポン酢醤油、マヨネーズをかける。

> **MEMO**
> 新玉ねぎがないときは普通の玉ねぎでもOK！　普通の玉ねぎを使う場合、辛みが気になるときはスライスしたあとで水に10分さらし、水気を絞って使用してください。

CHAPTER

2

豚肉の
おかず
の献立

まとめてくるくる巻いちゃう時短豚巻き、
コスパよし＆気軽に作れる豚こまステーキ、
レンジで失敗知らずのチャーシュー風などなど、
豚肉のおかずも手抜きアイデア満載♪
ごはんが止まらなくなるガッツリ美味しいレシピばかりなので、
おなかがペコペコのときにお試しください！

小ねぎの豚バラ巻きの献立

ジューシーな豚バラにねぎの甘みが最高！
まとめて巻くからラクチンです♪

小ねぎの豚バラ巻き

材料 2人分

豚バラ薄切り肉…10枚(250g)
小ねぎ…8本

A［ みりん…大さじ2
　　醤油…小さじ4 ］

塩・ブラックペッパー
…各少々

作り方

1 ラップを敷いて豚肉を少し重ねながら5枚並べる。小ねぎ4本を豚肉の幅に合わせて切ってのせ、ギュッときつめに巻く。同様にもう1本作る。
POINT 豚肉はパックに少し重なって入っているものを使用する場合は、そのまま5枚取り出せばOK。

2 1をそれぞれ6等分に切り分ける。

3 フライパンを熱し、2の巻き終わりを下にして並べて全面こんがりと焼く。
POINT 焼き時間は表1分30秒、裏1分、側面1分弱ずつが目安。

4 余分な油をペーパーでふき取る。Aを加えて2分30秒煮詰めて絡め、塩とブラックペッパーで味を調える。

おつまみゆで卵

材料 2人分

卵…3個
玉ねぎ…1/8個

マヨネーズ…大さじ2
めんつゆ(4倍濃縮)…小さじ1

作り方

1 沸騰した湯に、冷蔵庫から出したばかりの卵を入れて9分茹でる。水で冷やして殻をむく。

2 1はそれぞれ4等分にし、玉ねぎは薄切りにする。

3 すべての材料をボウルに入れ、混ぜ合わせる。

叩き梅きゅうり

材料 2人分

きゅうり…1本
梅干し…大2個

A［ 鰹節…1袋(2g)
　　白いりごま…小さじ1

めんつゆ(4倍濃縮)…小さじ1と1/2
ごま油…小さじ1 ］

作り方

1 きゅうりと種を取った梅干しをポリ袋に入れ、瓶などで叩く。ある程度叩いたら、きゅうりのヘタを取り除き、食べやすい大きさに手で割る。
POINT きゅうりは叩きすぎると水分が出てくるので、適度に叩いたらあとは手で割る。

2 Aを加えて混ぜ合わせる。
POINT 梅干しはすり潰すようにして、全体になじむように混ぜる。

CHAPTER **2** — 豚肉のおかずの献立

豚こまトンテキの献立

薄切り肉だからこってりソースがよく絡む！
ガッツリ大満足のレシピです。

豚こまトンテキ

材料 2人分

- 玉ねぎ…1/2個
- 豚こま切れ肉…300g
- 薄力粉…大さじ1
- 油…大さじ1/2
- A
  - ウスターソース…大さじ2
  - 砂糖…小さじ2
  - 醤油…小さじ2
  - ケチャップ…小さじ2
  - にんにくチューブ…7cm

作り方

1. 玉ねぎは薄切りにする。
2. 火をつける前のフライパンに豚肉と薄力粉を入れ、菜箸で絡めるように混ぜながらまぶす。
3. 油を回しかけて点火する。3分30秒ほど、こんがりするまで焼く。裏返し、1の玉ねぎを加えて3分炒める。
4. Aを加えて1分30秒煮絡める。

甘辛チーズちくわ

材料 2人分

- ちくわ…4本
- ベビーチーズ…2個
- A
  - コチュジャン…大さじ1/2
  - 白いりごま…小さじ1
  - 砂糖…小さじ2/3
  - 醤油…小さじ1/2
  - ごま油…小さじ1/2
  - にんにくチューブ…2cm

作り方

1. ちくわはキッチンバサミで5mm幅に、チーズはそれぞれ12等分に切ってボウルに入れる。
2. Aを加えて混ぜ合わせる。

無限塩だれキャベツ

材料 2人分

- キャベツ…1/8個(150g)
- A
  - 白すりごま…大さじ1と1/2
  - ごま油…大さじ1
  - 鶏ガラスープの素…小さじ1
  - ブラックペッパー…適量
  - にんにくチューブ…3cm

作り方

1. キャベツは手でちぎってボウルに入れ、Aを加えて混ぜ合わせる。

豚肉のケチャップしょうが焼きの献立

しょうが焼きにケチャップを入れることで旨みがUP！
濃厚な味わいでごはんに合う♪

豚肉のケチャップしょうが焼き

材料 2人分

玉ねぎ…1/2個
豚肉(しょうが焼き用)…6枚(300g)
薄力粉…大さじ1
油…小さじ2

A
- 砂糖…大さじ1/2
- みりん…大さじ2
- 醤油…大さじ2
- ケチャップ…大さじ2
- 酒…大さじ1
- しょうがチューブ…5cm

作り方

1. 玉ねぎは薄切りにする。
2. 火をつける前のフライパンに豚肉と薄力粉を入れ、菜箸で絡めるように混ぜながらまぶす。
3. 油を回しかけて点火する。3分焼いたら裏返し、1分焼く。豚肉を端に寄せ、空いたスペースに1の玉ねぎを加え、さらに3分炒める。
4. Aを加えて3分煮絡める。

アボカドとカニカマのクリームマヨサラダ

材料 2人分

アボカド…1個
カニ風味かまぼこ…4本
クリームチーズ(「キリクリームチーズ」を使用)
　…2個(約32g)
マヨネーズ…大さじ1と1/2
めんつゆ(4倍濃縮)…小さじ1/2
わさびチューブ…2〜3cm

作り方

1. アボカドは1cm角に切る。カニ風味かまぼこは手でさく。クリームチーズは適当な大きさにちぎる。
2. すべての材料をボウルに入れ、混ぜ合わせる。

塩昆布トマト

材料 2人分

トマト…1個
塩…適量

A
- 塩昆布…大さじ1と1/2
- オリーブオイル…大さじ1

作り方

1. トマトは8等分のくし形切りにし、さらに半分に切る。
2. 1をボウルに入れてAを加えて和え、塩で味を調える。

豚ニラ玉豆腐の献立

全メニュー、包丁＆まな板いらず！
豚ニラ玉は調味料1つだけで、簡単＆スタミナ満点！

豚ニラ玉豆腐

材料 2人分

- 豚バラ薄切り肉…150g
- 木綿豆腐…300g
- ニラ…1/2束
- オイスターソース…大さじ3
- 卵…2個

作り方

1. フライパンを熱し、豚肉はキッチンバサミで3cm幅に切り、木綿豆腐は手でちぎって入れ、4分炒める。
2. ニラは3cm幅に切って加え、オイスターソースも加えて1分炒める。
3. 食材を端に寄せて空いたスペースに卵を割り入れ、手早く混ぜる。ふわとろになったら、全体を混ぜる。

ピリ辛もやしナムル

材料 2人分

- もやし…1袋（200g）
- 塩…適宜
- A
  - 白いりごま…大さじ1
  - ごま油…大さじ1
  - 醤油…大さじ1/2
  - 鶏ガラスープの素…小さじ1
  - にんにくチューブ…3cm
  - 一味唐辛子…5～6ふり

作り方

1. もやしを耐熱ボウルに入れ、ふんわりとラップをして3分加熱する。
2. 水にさらして冷やし、しっかりと水気を絞り、ボウルに戻す。
3. Aを加えて混ぜ、塩で味を調える。

韓国風わかめスープ

材料 2人分

- A
  - 水…400cc
  - 乾燥わかめ…2g
  - 鶏ガラスープの素…小さじ1
  - にんにくチューブ…2cm
- 長ねぎ…適量
- ごま油…小さじ1
- 塩…適量

作り方

1. 小鍋にAを入れて熱し、煮立たせる。
2. 火を止め、長ねぎをキッチンバサミで小口切りにして加え、ごま油を加えて塩で味を調える。

豚こま肉のカシューナッツ炒めの献立

フライパン1つで簡単本格中華!
ナッツの食感がアクセントです♪

豚こま肉の カシューナッツ炒め

材料 2人分

玉ねぎ…1/2個
豚こま切れ肉…250g
片栗粉…大さじ2
ごま油…大さじ1と1/2
カシューナッツ…40g

A ［ みりん…大さじ3
　　オイスターソース…大さじ3
　　にんにくチューブ・
　　　しょうがチューブ…各3cm ］

作り方

1 玉ねぎはくし形切りにする。

2 火をつける前のフライパンに豚肉と片栗粉を入れ、菜箸で絡めるように混ぜながらまぶす。

3 ごま油を回しかけて点火する。3分30秒焼いて裏返し、1の玉ねぎを加え、玉ねぎがクタッとするまで7分ほど炒める。

4 カシューナッツを加えて1分炒め、Aを加えて1分煮絡める。

やみつき特製だれ豆腐

材料 2人分

小ねぎ…4本
絹豆腐…300g

A ［ コチュジャン…大さじ1
　　白いりごま…小さじ2
　　みりん…小さじ2
　　醤油…小さじ1
　　ごま油…小さじ1 ］

作り方

1 小ねぎは小口切りにしてボウルに入れ、Aを加えて混ぜる。

2 絹豆腐を器に盛り、1をかける。

漬けわさび大根

材料 2人分

大根…6cm(150g)　塩…小さじ1/3
砂糖…大さじ2　　わさびチューブ…6cm
酢…大さじ2

作り方

1 大根はできるだけ薄いいちょう切りにする。

2 すべての材料をポリ袋に入れて揉み混ぜ、冷蔵庫で20分冷やす。

オイマヨ豚バラ大根の献立

旨み&コクのあるメインにさっぱり副菜を合わせて！
大根はレンチンすると時短に！

オイマヨ豚バラ大根

材料 2人分

大根…1/4本(250g)
豚バラ薄切り肉…200g

A [砂糖…大さじ1
　　マヨネーズ…大さじ2
　　オイスターソース…大さじ2]

作り方

1. 大根は3mm厚さのいちょう切りにし、豚肉は2cm幅に切る。
2. 耐熱ボウルに大根を入れ、ふんわりとラップをして電子レンジで8分加熱する。
3. フライパンを熱し、豚肉と大根を入れて4分ほど炒める。
4. 豚肉に火が通り、大根に軽く焼き色がついたら、火を止めてAを加え、サッと絡める。

即席湯豆腐

材料 2人分

絹豆腐…300g
長ねぎ…4〜6cm
鰹節…1袋(2g)
卵黄…2個
めんつゆ(4倍濃縮)…適量

作り方

1. 耐熱皿を2つ用意し、絹豆腐をスプーンで適当にすくって等分に入れる。ふんわりとラップをして電子レンジで4分加熱する。
   POINT　1皿ずつの場合はそれぞれ2分加熱する。
2. 長ねぎは小口切りにする。
3. 1に半量ずつ2、鰹節、卵黄をトッピングし、めんつゆを回しかける。
   POINT　豆腐から出てくる水分量によって味が変わるため、めんつゆの分量は好みで加減する。

きゅうりの即席しょうがめんつゆ漬け

材料 2人分

きゅうり…1本

A [砂糖…大さじ1/2
　　めんつゆ(4倍濃縮)…大さじ2
　　ごま油…大さじ1/2
　　しょうがチューブ…3cm]

作り方

1. きゅうりは2〜3mm厚さの斜め切りにする。
2. ポリ袋に1とAを入れて混ぜ、冷蔵庫で20分冷やす。

ごま油香る豚バラ白菜の献立

仕上げのごま油が美味しさのポイント！
調味料2つだけなのに、驚きの美味しさ！

ごま油香る豚バラ白菜

材料 2人分

- 白菜…小1/4株(350g)
- 豚バラ薄切り肉…200g
- 片栗粉…大さじ2
- ごま油…大さじ1と1/2
- A [砂糖…大さじ1と1/3
    ポン酢醤油…大さじ4]
- ごま油(仕上げ用)…小さじ1

作り方

1. 白菜は縦半分に切って1cm幅に切り、豚肉は2cm幅に切る。
2. 火をつける前のフライパンに1の豚肉と片栗粉を入れ、菜箸で絡めるように混ぜながらまぶす。
3. ごま油を全体に回しかけて点火する。4分焼いたら裏返し、白菜を加えて1分炒め合わせる。ふたをして弱中火にし、10分ほど蒸し焼きにする。
   POINT 途中、焦げないようにときどき混ぜる。
4. 白菜がしんなりとしたらAを加えて40秒ほど混ぜながら炒め、仕上げ用のごま油を回し入れる。

きんぴらピーマン

材料 2人分

- ピーマン…4個
- A [鰹節…1袋(2g)
    めんつゆ(4倍濃縮)…大さじ1]
- ハーフベーコン…4枚
- 白いりごま…小さじ1
- ごま油…小さじ1

作り方

1. ピーマンはヘタと種をつけたまま縦半分に切って細切りに、ベーコンは7mm幅に切る。
2. 耐熱ボウルに1を入れ、ふんわりとラップをして電子レンジで3分加熱する。
3. Aを加えて混ぜ合わせる。

旨ねぎちくわ

材料 2人分

- 長ねぎ…1/3本
- ちくわ…4本
- A [ごま油…大さじ1
    鶏ガラスープの素…小さじ1/2]
- ブラックペッパー…少々

作り方

1. 長ねぎは粗みじん切りに、ちくわは斜め薄切りにする。
2. ボウルに1とAを入れて混ぜ、器に盛ってブラックペッパーをふる。

CHAPTER 2 豚肉のおかずの献立

豚こま肉の
マリネの献立

香ばしく揚げ焼きした豚こまをさっぱりマリネに。
簡単マリネ液が自信作です♪

豚こま肉のマリネ

材料 2人分

玉ねぎ…1/4個
きゅうり…1/2本
A [砂糖・酢・めんつゆ
　　（4倍濃縮）…各大さじ2]
豚こま切れ肉…200g
片栗粉…大さじ2
ごま油…大さじ2

作り方

1. 玉ねぎは薄切りに、きゅうりは細切りにしてボウルに入れ、Aを加えて混ぜる。
2. 火をつける前のフライパンに豚肉と片栗粉を入れ、菜箸で絡めるように混ぜながらまぶす。
3. ごま油を回しかけて点火し、4分ほど、こんがりするまで焼く。裏返して1分ほど、反対側もこんがりするまで焼く。
4. 3を1に加えて混ぜる。

MEMO
お好みで一味唐辛子をトッピングしても美味しいです！

ニラはんぺん焼き

材料 2人分

はんぺん…1枚
ニラ…2〜3本
油…小さじ2
塩…適宜
A [ピザ用チーズ…15g
　　片栗粉…小さじ2
　　鶏ガラスープの素…小さじ1/3
　　ごま油…小さじ1]

作り方

1. はんぺんは袋に入ったまま揉んで潰し、ポリ袋に入れる。ニラをキッチンバサミで8mm幅に切って加え、Aを加えて揉み混ぜる。
2. 火をつける前のフライパンに油をひく。1を一口大の平たい円形に成形し、フライパンに並べて点火する。弱中火で3分30秒焼いたら裏返し、1分30秒焼く。器に盛り、好みで塩をふる。

油揚げの塩昆布炊き込みごはん

材料 2人分

米…2合
A [めんつゆ（4倍濃縮）…大さじ3
　　しょうがチューブ…6cm]
油揚げ…1枚
B [塩昆布…大さじ2
　　白いりごま…大さじ1]
塩…適宜

作り方

1. 炊飯器の内釜にといだ米とAを入れる。水（分量外）を2合の目盛りまで注いで混ぜる。
2. 油揚げをキッチンバサミで細かく切って加え、通常炊飯する。
3. 炊けたらBを加えて混ぜ合わせ、塩で味を調える。

カリカリ豚こまチーズの献立

豚こまがジューシーで美味しい！
香ばしいチーズに大葉がアクセント♪

カリカリ豚こまチーズ

材料 2人分

大葉…15枚
A [豚こま切れ肉…300g
    ピザ用チーズ…75g
    片栗粉…大さじ2
    マヨネーズ…大さじ2
    塩…少々
    ブラックペッパー…少々]
油…小さじ2
塩…適宜

作り方

1. 大葉はちぎってポリ袋に入れ、Aを加えて揉み混ぜる。
2. 火をつける前のフライパンに、1を一口大の平たい円形に成形して並べる。
   POINT　20個くらいに分けて成形する。
3. 油を回しかけて点火する。2分30秒焼いたら裏返し、弱中火にして3分焼く。好みで軽く塩をふる。

えのきの旨キムチ和え

材料 2人分

えのき…1パック(100g)　　ごま油…大さじ1/2
白菜キムチ…50g　　　　めんつゆ(4倍濃縮)
塩昆布…大さじ1弱　　　　…小さじ1

作り方

1. えのきはキッチンバサミで2〜3cm幅に切って耐熱ボウルに入れ、くっついている部分はほぐす。
2. ふんわりとラップをして電子レンジで2分30秒加熱する。
3. 残りのすべての材料を加えて混ぜ合わせる。

無限ゆかり大根

材料 2人分

大根…6cm(150g)
A [砂糖…小さじ4　　　　酢…小さじ4
    赤しそふりかけ…小さじ1　塩…適量]

作り方

1. 大根をできるだけ薄いいちょう切りにする。
2. ポリ袋に1とAを入れて混ぜ、冷蔵庫で20分冷やす。

CHAPTER 2　豚肉のおかずの献立

豚こまステーキの献立

豚こまが豪華に大変身！
大根おろしとポン酢醤油でさっぱりいただきます♪

豚こまステーキ

材料 2人分

A［ 豚こま切れ肉…300g　酒…大さじ1　ブラックペッパー ］
　 片栗粉…大さじ1　　 塩…小さじ1/3　 …少々

大根…1/5本(200g)
ポン酢醤油…適量
ごま油…適量

作り方

1 火をつける前のフライパンにAを入れ、菜箸で絡めるように混ぜながらまぶす。2等分して平たく広げ、ステーキの形に成形する。

2 油小さじ2(分量外)を回しかけて点火する。4分ほど、焼き目がつくまで焼く。裏返し、弱火にして5分焼いたら皿に盛る。

3 大根はおろして水気を軽く絞り、**2**にのせる。ポン酢醤油とごま油を回しかける。

ゆかりマカロニサラダ

材料 2人分

きゅうり…1/2本　マカロニ(3分茹でタイプ)…60g
塩…少々　　　　ハム…2枚

A［ マヨネーズ…大さじ1と1/2 ］
　 赤しそふりかけ…小さじ1/3～1/2

作り方

1 きゅうりは薄切りにし、塩をまぶして10分おき、水気をしっかりと絞る。

2 耐熱ボウルにマカロニを入れて、全体がかぶるくらいの水(分量外)を入れる。ラップをせずに電子レンジで3分加熱し、混ぜたら再度電子レンジで5分加熱する。

3 ザルにあけ、水で洗ってぬめりを取りながら冷ます。冷めたらしっかりと水気を切ってボウルに入れる。

4 ハムはキッチンバサミで食べやすい大きさに切って**3**に加え、**1**のきゅうりも加える。

5 Aを加えて混ぜる。

おつまみわかめキャベツ

材料 2人分

乾燥わかめ…大さじ1
キャベツ…1/8個(150g)
塩…適宜

A［ ごま油…大さじ1/2 ］
　 鶏ガラスープの素…小さじ1
　 白いりごま…小さじ1
　 めんつゆ(4倍濃縮)…小さじ1

作り方

1 乾燥わかめは袋の表示通りに戻して、水気をしっかりと絞る。

2 キャベツは手で一口大にちぎって耐熱ボウルに入れ、ふんわりとラップをして電子レンジで3分加熱する。

3 **2**に、**1**とAを加えて混ぜ、塩で味を調える。

CHAPTER 2 豚肉のおかずの献立

塩昆布豚こまキャベツの献立

塩昆布だけで激うま！
包丁もまな板も使わずにできるお助けレシピです♪

塩昆布豚こまキャベツ

材料 2人分

豚こま切れ肉…200g
片栗粉…大さじ1
ごま油…大さじ1と1/2
キャベツ…1/5個（250g）
塩昆布…大さじ5

作り方

1. 火をつける前のフライパンに豚肉と片栗粉を入れ、菜箸で絡めるように混ぜながらまぶす。
2. ごま油を回しかけて点火する。3分30秒焼いたら裏返し、キャベツを手でちぎって加える。
3. 4分30秒ほど、キャベツがしんなりするまで炒めたら、塩昆布を加えて1分ほど混ぜながら炒める。

厚揚げお好み焼き

材料 2人分

絹厚揚げ…2枚（300g）
お好み焼きソース・マヨネーズ…各適量
A [小ねぎ（小口切り）・鰹節・青のり・紅しょうが…各適宜]

作り方

1. 厚揚げをそれぞれ4等分にし、アルミホイルにのせてトースターで12分焼く。
2. ソースとマヨネーズをかけ、好みでAをトッピングする。

鮭のやみつき炊き込みごはん

材料 2人分

米…2合
生鮭…2切れ
バター…10g
A [めんつゆ（4倍濃縮）…大さじ3
みりん…大さじ1
にんにくチューブ…5〜6cm]

作り方

1. 炊飯器の内釜にといだ米とAを入れる。水（分量外）を2合の目盛りまで注いで混ぜる。
2. 鮭をのせて通常炊飯する。
3. 炊けたら鮭の皮と骨を取り、バターを加えて混ぜる。好みでバターとめんつゆ各適宜（分量外）をトッピングする。

玉ねぎの豚すきの献立

玉ねぎを先にレンジ加熱することで、甘みが増します♪
新玉ねぎを使っても！

玉ねぎの豚すき

材料 2人分

玉ねぎ…1個
豚バラ薄切り肉…200g
油…小さじ1
A [砂糖…大さじ1と1/3
　　めんつゆ(4倍濃縮)…大さじ3と1/2
　　水…大さじ3]

作り方

1. 玉ねぎは薄切りにして耐熱ボウルに入れ、ふんわりとラップをして電子レンジで6分加熱する。
2. 豚肉は2cm幅に切る。
3. フライパンに油を熱し、豚肉を3分ほど、肉に火が通るまで炒める。
4. 1とAを加えて2分煮る。

ツナマヨれんこん

材料 2人分

れんこん…小1節(150g)
ツナ缶(油漬け)…1/2缶
白いりごま…大さじ1/2
マヨネーズ…大さじ2
めんつゆ(4倍濃縮)…小さじ1

作り方

1. れんこんは5mm厚さの半月切りにする。
2. 1を耐熱ボウルに入れ、ふんわりとラップをして電子レンジで3分加熱する。
3. 粗熱が取れたら、ツナ缶を油ごと加え、残りのすべての材料を加えて混ぜ合わせる。

長芋のわさび和え

材料 2人分

長芋…5〜6cm(150g)
A [めんつゆ(4倍濃縮)…大さじ1
　　わさび…4〜5cm]
刻み海苔…適量

作り方

1. 長芋はポリ袋に入れ、瓶などで叩いて食べやすい大きさにする。
2. Aを加えて混ぜ、器に盛り、刻み海苔をトッピングする。

CHAPTER 2 豚肉のおかずの献立

にんにく油鍋の献立

もう市販の鍋つゆはいりません！
にんにくが効いてスタミナ抜群♪

にんにく油鍋

材料 2人分

長ねぎ…1本
豚バラ薄切り肉…200g

A
- 水…100cc
- 酒…大さじ2
- めんつゆ(4倍濃縮)…大さじ1
- 鶏ガラスープの素…小さじ2
- にんにくチューブ…8cm

もやし…1袋(200g)
ごま油…大さじ1

作り方

1. 長ねぎは斜め薄切りに、豚肉は3cm幅に切る。
2. 鍋にAを入れて混ぜ、もやし→豚肉→長ねぎの順にのせる。
3. ふたをして強中火で7分、ときどき混ぜながら煮る。
4. ごま油を回しかける。

MEMO
ブラックペッパーやラー油をトッピングするのもオススメです♪

さつまいもの甘辛バター

材料 2人分

さつまいも…200g
バター…15g

A
- 砂糖…小さじ2
- 白いりごま…小さじ2
- 醤油…小さじ1

作り方

1. さつまいもは5mm厚さの半月切りにする。
2. 1を耐熱ボウルに入れ、ふんわりとラップをして電子レンジで5分加熱する。
3. フライパンにバターを熱し、2を入れて4〜5分焼く。裏返して2分焼き、Aを加えてサッと絡める。

クリーミー豆乳鍋の献立

クリーミーな味わいで心まで温まる♡
豆乳は沸騰させないように注意!

クリーミー豆乳鍋

材料 2人分

白菜…1/4株(400g)
豚バラ薄切り肉…200g
A [水…100cc
　　めんつゆ(4倍濃縮)…大さじ2
　　鶏ガラスープの素…大さじ1]
豆乳…200cc
ラー油…適量

作り方

1. 白菜は2cm幅に、豚肉は5cm幅に切る。
2. 鍋にAを入れて混ぜ、1の白菜を加え、上に豚肉を広げる。
3. ふたをして強中火で7分ほど、ときどき混ぜながら煮る。
4. 豆乳を加えて全体を混ぜ、1分ほど、沸騰させないように温める。
5. ラー油を回しかける。

にんじんチーズガレット

材料 2人分

にんじん…1本
A [ピザ用チーズ…60g
　　片栗粉…大さじ1
　　顆粒コンソメ…小さじ1/2]
オリーブオイル…大さじ1

作り方

1. にんじんはスライサーで細切りにしてポリ袋に入れる。Aを加えてふり混ぜる。
2. フライパンにオリーブオイルを熱し、1を入れ、平たい円形に成形する。
3. 3分30秒ほど、こんがりするまで焼く。裏返して2分30秒ほど、反対側もこんがりするまで焼く。

豚こまでチャーシュー風の献立

レンジだけで時短！
なんちゃってチャーシューだけど、
コスパも抜群です！

豚こまでチャーシュー風

材料 2人分

A [
豚こま切れ肉…250g
砂糖…大さじ2
醤油…大さじ2と1/2
片栗粉…小さじ1
ごま油…小さじ1
にんにくチューブ・
　しょうがチューブ…各4cm
]
長ねぎ…適量

作り方

1. 耐熱ボウルにAを入れてよく混ぜる。ふんわりとラップをして電子レンジで7分加熱する。
2. 長ねぎは千切りにして、白髪ねぎにする。
3. 1をよく混ぜ、器に盛って2をトッピングする。

きゅうりと大葉のさっぱり和え

材料 2人分

きゅうり…1本
塩…少々
大葉…3枚

A [
砂糖…小さじ1　酢…小さじ1
醤油…小さじ1　にんにくチューブ…2cm
]

作り方

1. きゅうりはスライサーで薄切りにし、塩をまぶして10分おく。水気をしっかりと絞ってボウルに入れる。
2. 大葉はキッチンバサミで縦半分に切ってから千切りにして1に入れる。Aを加えて混ぜ合わせる。

エビマヨ風のちくわマヨ

材料 2人分

A [
マヨネーズ
　…大さじ2と1/2
牛乳…大さじ1/2
砂糖…小さじ1
ケチャップ…小さじ1/3
にんにくチューブ…2cm
]
ちくわ…4本
片栗粉…小さじ1
油…大さじ1

作り方

1. ボウルにAを入れて混ぜ合わせる。
2. 火をつける前のフライパンにちくわをキッチンバサミでそれぞれ4等分に切って入れ、片栗粉を加えて菜箸で絡めるように混ぜながらまぶす。
3. 油を回しかけて点火する。4分ほど、転がしながら全面がこんがりとするまで焼く。
4. 余分な油を切って1に入れ、混ぜ合わせる。

豚こまタルタル南蛮の献立

ジューシーな豚こまを甘酸っぱい南蛮に。
タルタルはなんとレンジでできちゃいます！

豚こまタルタル南蛮

材料 2人分

卵…2個
豚こま切れ肉…250g
片栗粉…大さじ4
油…大さじ2と1/2
A [砂糖…大さじ2
　　ポン酢醤油…大さじ3]
B [マヨネーズ…大さじ4
　　砂糖…小さじ1]

作り方

1 耐熱ボウルに卵を割り入れ、黄身を軽く溶く。ふんわりとラップをして電子レンジで1分30秒加熱し、様子を見ながら火が通るまで追加で加熱する。菜箸などで細かくして粗熱を取る。

2 火をつける前のフライパンに豚肉と片栗粉を入れ、菜箸で絡めるように混ぜながらまぶす。

3 油を回しかけて点火する。4分ほど、カリッとするまで焼く。裏返して4分ほど、反対側もカリッとするまで焼く。

4 余分な油をペーパーでふき取る。Aを加えて30秒ほど絡めるように炒め、器に盛る。

5 1にBを加えて混ぜ、4にかける。

塩昆布大葉大根漬け

材料 2人分

大根…6cm(150g)　ごま油…小さじ2
大葉…4枚　　　　塩…適量
塩昆布…大さじ2

作り方

1 大根はできるだけ薄いいちょう切りにし、大葉は千切りにする。

2 すべての材料をポリ袋に入れ、全体をよく混ぜて冷蔵庫で15分冷やす。

味噌マヨチーズはんぺん

材料 2人分

はんぺん…1枚　A [マヨネーズ…小さじ2
　　　　　　　　　 味噌…小さじ2/3]
　　　　　　　ピザ用チーズ…適量

作り方

1 はんぺんをアルミホイルにのせる。上にAをのせて混ぜながら全体を塗ったら、4等分に切る。

2 ピザ用チーズを等分にのせ、トースターで5〜6分、焼き色がつくまで焼く。

CHAPTER 2　豚肉のおかずの献立

49

甘辛やみつき豚バラえのきの献立

こちらも超簡単なレンジだけレシピ！
やみつきタレでごはんにもお酒にも合います♪

甘辛やみつき豚バラえのき

材料 2人分

- えのき…2パック(200g)
- 豚バラ薄切り肉…200g
- A
  - 焼肉のタレ…大さじ3
  - コチュジャン…大さじ1
  - ごま油…大さじ1/2
  - 鶏ガラスープの素…小さじ1
  - にんにくチューブ…2cm

作り方

1. えのきはキッチンバサミで2cm幅に切って耐熱ボウルに入れる。上に豚肉を3cm幅に切ってのせ、まんべんなく広げる。
2. ふんわりとラップをし、電子レンジで5分加熱する。
3. Aを加えて混ぜ合わせる。

カニマヨチーズ厚揚げ

材料 2人分

- 玉ねぎ…1/6個
- カニ風味かまぼこ…6本
- 絹厚揚げ…2枚(300g)
- マヨネーズ…大さじ2
- ピザ用チーズ…30g
- 醤油…少々
- ブラックペッパー…少々

作り方

1. 玉ねぎはみじん切りにし、カニ風味かまぼこは細かく切る。厚揚げはそれぞれ厚みを半分に切る。
2. アルミホイルに、厚揚げの断面を下にして並べる。上にマヨネーズと1の玉ねぎ、カニ風味かまぼこをのせ、混ぜながら均等に広げる。
3. ピザ用チーズを等分にのせ、トースターで7分ほど焼く。
4. 醤油をかけ、ブラックペッパーをふる。

白菜チョレギサラダ

材料 2人分

- 白菜…1/8株(200g)
- 長ねぎ…1/4本
- 焼き海苔(3切)…2枚
- A
  - ごま油…大さじ1
  - 白いりごま…小さじ2
  - 鶏ガラスープの素…小さじ1/2
- 塩…適量

作り方

1. 白菜は手でちぎってポリ袋に入れ、長ねぎはスライサーで薄切りにして入れる。
2. 焼き海苔をちぎって入れ、Aを加えてふり混ぜ、塩で味を調える。

CHAPTER

3

ひき肉の
おかず
の献立

ひき肉レシピで一番面倒な混ぜる工程はポリ袋を活用して、
洗い物削減＆手は絶対に汚しません！
そして、ハンバーグも麻婆豆腐もシューマイも、全部レンジでチン！
さらにひき肉だけじゃなく、
人気があるのに他の章でご紹介しきれなかった
ソーセージや厚揚げのレシピもこちらに載せちゃいます♪

ジューシー！ レンジハンバーグの献立

ハンバーグ作りの手間をとことん排除！
しっとりジューシーで大満足♪

ジューシー！ レンジハンバーグ

材料 2人分

A	合いびき肉…250g	水…大さじ6	ピザ用チーズ…30g
	卵…1個	塩…小さじ1/4	
	パン粉…大さじ8	ブラックペッパー…少々	
B	ケチャップ…大さじ2	砂糖…小さじ2	
	ウスターソース…大さじ2	顆粒コンソメ…小さじ1	

作り方

1 Aをポリ袋に入れて揉み混ぜる。

2 耐熱ボウルにBを入れて混ぜる。

3 1を袋の外から2等分し、小判形に成形して2のボウルに入れ、ふんわりとラップをして電子レンジで6分加熱する。

4 ハンバーグを裏返し、ピザ用チーズをのせ、再度ふんわりとラップをして電子レンジで2分加熱する。

フライドにんじん

材料 2人分

にんじん…1本	A 薄力粉…大さじ2	片栗粉…大さじ6
	水…大さじ2	泊…適量
	顆粒コンソメ…小さじ1	塩・ブラックペッパー…各適量
	ブラックペッパー…少々	

作り方

1 にんじんは7〜8mm幅の拍子木切りにする。

2 ポリ袋に1とAを入れ、全体に絡むように混ぜる。

3 別のポリ袋に片栗粉を入れ、2のにんじんを入れてふり混ぜながらまぶす。

4 火をつける前のフライパンに3を重ならないように入れ、油をにんじんの1/3が浸かる深さまで入れる。

5 点火して、10分ほど底がカリッとするまで触らずに焼く。裏返し、反対側の面もカリカリになるまで7分ほど焼いて取り出し、塩とブラックペッパーで味を調える。

旨塩レモンキャベツ

材料 2人分

キャベツ…1/8個(150g)	A ごま油…大さじ1	鶏ガラスープの素…小さじ1	白いりごま…小さじ1
	砂糖…小さじ1		レモン汁…小さじ1
	塩・ブラックペッパー…各適量		

作り方

1 キャベツは千切りにする。

2 1とAをポリ袋に入れて混ぜ合わせ、塩とブラックペッパーで味を調える。

キムチ麻婆豆腐の献立

キムチを入れることで旨みが増し増し！
あとひく美味しさの中華献立です。

キムチ麻婆豆腐

材料 2人分

- A
  - 豚ひき肉…150g
  - 白菜キムチ…100g
  - 味噌…大さじ1と1/2
  - みりん…大さじ3
  - 鶏ガラスープの素…小さじ2
- 木綿豆腐…300g
- 水溶き片栗粉（片栗粉と水を小さじ2ずつ溶く）…小さじ4
- ごま油…小さじ2

作り方

1. 耐熱ボウルにAを入れてさっくりと混ぜる。
2. 木綿豆腐を大きめにちぎって1にのせ、ふんわりとラップをして、電子レンジで10分加熱する。
3. 水溶き片栗粉を加えて混ぜ、ラップなしで、電子レンジで1分加熱する。
   POINT このときに豆腐が崩れるので、工程2では大きめにしておく。
4. ごま油を回しかけて混ぜる。

居酒屋さんのやみつききゅうり

材料 2人分

- きゅうり…1本
- ごま油…大さじ1/2
- 白いりごま…小さじ1
- 鶏ガラスープの素…小さじ1/2
- にんにくチューブ…2cm
- ブラックペッパー…少々

作り方

1. きゅうりは乱切りにする。
2. すべての材料をボウルに入れ、混ぜ合わせる。

すりおろさない大根餅

材料 2人分

- 大根…1/5本（200g）
- ハーフベーコン…2枚
- 薄力粉…大さじ2
- 片栗粉…大さじ2
- 鶏ガラスープの素…大さじ1/2
- 水…大さじ1と1/2
- ポン酢醤油…適量

作り方

1. 大根はできるだけ細い千切りに、ベーコンは細切りにする。
2. ポン酢醤油以外のすべての材料をポリ袋に入れて混ぜる。
3. フライパンにごま油大さじ1（分量外）を熱し、2を円形に広げて5分ほど、こんがりとするまで焼く。裏返して鍋肌からごま油大さじ1/2（分量外）を追加し、3分焼く。
4. 器に盛り、ポン酢醤油を添える。

包まない白菜シューマイの献立

レンジでOK！大きく作って切り分ける、包まないシューマイです。

包まない白菜シューマイ

材料 2人分

白菜…1/8株(200g)
A [豚ひき肉…150g
    片栗粉…大さじ2
    砂糖…小さじ2
    鶏ガラスープの素…小さじ2
    醤油…小さじ4
    ごま油…小さじ2]
からし…適宜

作り方

1 白菜は軸と葉の部分に分け、軸はみじん切りに、葉は細切りにする。

2 ポリ袋に1の軸とAを入れ、揉み混ぜる。

3 耐熱皿に、1の葉の半量を敷き、その上に2を広げ、さらにその上に残りの葉を散らす。

4 ふんわりとラップをして電子レンジで7分ほど加熱し、好みでからしを添える。

のり塩厚揚げ

材料 2人分

絹厚揚げ…2枚(300g)　油…小さじ4　塩…適量
片栗粉…大さじ2　青のり…小さじ2

作り方

1 厚揚げを食べやすい大きさに手でちぎってポリ袋に入れ、片栗粉を加えて、ふり混ぜてまぶす。

2 フライパンに油を熱し、1を転がしながら3分30秒ほど、全面がこんがりとするまで焼く。

3 火を止め、青のりと塩を加えて全体に絡める。

旨辛やみつきニラ

材料 2人分

ニラ…1/2束(50g)
焼き海苔(3切)…1枚
塩…適量
A [塩昆布…大さじ1
    ごま油…大さじ1
    白いりごま…小さじ2
    豆板醤…小さじ2/3]

作り方

1 ポリ袋にニラをキッチンバサミで3cm幅に切って入れ、海苔もちぎって入れる。

2 Aを加えてしっかり揉み混ぜ、塩で味を調える。

ラクチン油揚げ餃子の献立

ポリ袋で混ぜて詰めるだけ！
カリッと焼いた油揚げが香ばしい♪

ラクチン油揚げ餃子

材料 2人分

ニラ…3/4束(75g)
A [豚ひき肉…250g
　　卵…1個
　　砂糖…大さじ1/2
　　鶏ガラスープの素…大さじ1/2
　　醤油…大さじ1
　　ごま油…大さじ1
　　にんにくチューブ・
　　しょうがチューブ…各3cm]
油揚げ…3枚
醤油・ラー油…各適量

作り方

1 ポリ袋にニラをキッチンバサミで細かく切って入れ、Aを加えて揉み混ぜる。

2 油揚げは半分に切って開き、袋状のものを6個作り、1を絞り入れる。

3 フライパンを熱し、2を入れて1分30秒ほど、焼き色がつくまで焼く。

4 裏返し、水大さじ3(分量外)を加えてふたをし、弱火にして15分蒸し焼きにする。ふたを取って両面1分ずつ、カリッと焼く。

5 器に盛り、醤油とラー油を添える。

きゅうりとカニカマの酢の物

材料 2人分

きゅうり…1本
塩…少々
カニ風味かまぼこ…5本
A [砂糖…大さじ1
　　酢…大さじ1と1/2
　　白いりごま…小さじ1
　　醤油…小さじ1]

作り方

1 きゅうりはスライサーで薄切りにし、塩をまぶして10分おく。水気をしっかりと絞ってポリ袋に入れる。

2 1にカニ風味かまぼこをさいて入れ、Aを加えて混ぜ合わせる。

ちくわの醤油マヨ炒め

材料 2人分

ごま油…小さじ1
ちくわ…5本
A [砂糖…大さじ1
　　醤油…大さじ1
　　マヨネーズ…大さじ1/2]

作り方

1 フライパンにごま油を熱し、ちくわをキッチンバサミで6mm幅の斜め切りにして入れ、2分炒める。

2 焼き色がついたらAを加えてサッと絡める。

世界一簡単な麻婆ナスの献立

全部入れてチンするだけで完成！少ない調味料でも味がばっちり決まります♪

世界一簡単な麻婆ナス

材料 2人分

- ナス…2本
- A
  - 豚ひき肉…150g
  - 焼肉のタレ…大さじ5
  - 豆板醤…大さじ1/2
  - 片栗粉…小さじ1
  - にんにくチューブ・しょうがチューブ…各3cm
- ごま油…大さじ1/2

作り方

1. ナスは4〜5mm厚さの半月切りにする。
2. 耐熱ボウルにAを入れ、練らずにさっくりと混ぜる。
3. 2に1を加えて混ぜ、ふんわりとラップをして電子レンジで8分加熱する。
   POINT ナスがかたかったら追加で加熱する。
4. ごま油を加えてよく混ぜる。

MEMO 辛いものが好きな方は豆板醤を増量してもOKです！

えのきの丸ごと唐揚げ

材料 2人分

- えのき…1パック(100g)
- 片栗粉…大さじ5
- 油…適量
- A
  - 醤油…大さじ1
  - にんにくチューブ・しょうがチューブ…各2cm

作り方

1. ポリ袋にえのきを7〜8本くらいの小房にさいて入れ、Aを加えて、全体に絡むように混ぜる。
2. 1に片栗粉を入れてふり混ぜ、全体にまぶす。
3. フライパンに油を深さ2mmほど入れて熱し、2を薄く円形に広げて5分30秒揚げ焼きする。裏返して3分ほど、両面カリッとするまで揚げ焼きする。
4. 一口大に切って器に盛り、好みで塩適宜(分量外)をふる。

オイマヨカニカマもやし

材料 2人分

- もやし…1袋(200g)
- カニ風味かまぼこ…5本
- A
  - マヨネーズ…小さじ4
  - オイスターソース…小さじ2
  - ごま油…小さじ1

作り方

1. 耐熱ボウルにもやしを入れ、ふんわりとラップをして、電子レンジで3分加熱する。
2. 水にさらして冷やし、しっかりと水気を絞り、ボウルに戻す。
3. カニ風味かまぼこをさいて加え、Aを加えて混ぜ合わせる。

CHAPTER 3 ひき肉のおかずの献立

すき焼き風肉豆腐の献立

包丁いらず！ お手頃なひき肉で、すき焼き気分を味わえます♡

すき焼き風肉豆腐

材料 2人分

A ┌ 合いびき肉…120g
　├ 砂糖…大さじ2と1/2
　├ みりん…大さじ2と1/2
　└ 醤油…大さじ2と1/2
長ねぎ…1/2本
木綿豆腐…300g
水溶き片栗粉（水と片栗粉を
　小さじ2ずつ溶く）…小さじ4

作り方

1. 耐熱ボウルにAを入れ、練らずにさっくりと混ぜる。
2. 1の上に長ねぎをキッチンバサミで5mm幅の斜め切りにして加え、木綿豆腐を大きめにちぎってのせる。
3. ふんわりとラップをして電子レンジで7分加熱する。
4. 水溶き片栗粉を混ぜながら加える。
   POINT このときに豆腐が崩れるので、工程2では大きめにしておく。
5. ラップなしで、再度電子レンジで1分加熱し、サッと混ぜる。

れんこんステーキ

材料 2人分

れんこん…200g　めんつゆ（4倍濃縮）　バター…5g
油…大さじ1　　　…小さじ2　　　　　塩…適量

作り方

1. れんこんは5mm厚さの半月切りにする。
2. フライパンに油を熱し、1を入れて3分焼き、裏返して3分焼く。
3. 火を止め、めんつゆとバターを加えて混ぜ合わせ、塩で味を調える。

キャベツ納豆サラダ

材料 2人分

キャベツ…2枚（100g）　　┌ 鰹節…1袋（2g）
納豆…1パック　　　　　A ├ マヨネーズ…大さじ1と1/2
焼き海苔（3切）…1枚　　└ めんつゆ（4倍濃縮）…小さじ2
ラー油…適量

作り方

1. キャベツは千切りにする。納豆は付属のタレとからしを混ぜておく。
2. ボウルに海苔を手でちぎって入れ、1、Aを加えて混ぜ合わせる。
3. 器に盛り、ラー油を回しかける。

豚ひき白菜の旨煮の献立

とろ〜りあんかけ風の旨煮もワンパンで！
旨みをたっぷり吸った春雨が美味しすぎる♪

豚ひき白菜の旨煮

材料 2人分

白菜…大1/6株（300g）
ごま油…大さじ1
豚ひき肉…150g

A
- 春雨…50g
- 水…300cc
- オイスターソース…大さじ3
- みりん…大さじ2と1/2
- 鶏ガラスープの素…小さじ2
- にんにくチューブ・しょうがチューブ…各3cm

水溶き片栗粉（水と片栗粉を大さじ1ずつ溶く）…大さじ2

作り方

1. 白菜は縦半分に切ってから1cm幅に切る。
2. フライパンにごま油を熱し、豚ひき肉を入れて1分炒める。1の白菜を加え、さらに3分ほど炒める。
3. 白菜がしんなりとしたらAを加えて6〜7分混ぜながら煮る。
4. 春雨が好みのかたさになったら一旦火を止め、水溶き片栗粉を加えて混ぜる。再度点火してひと煮立ちさせ、ごま油大さじ1/2（分量外）を回しかける。

梅マヨちくわ

材料 2人分

ちくわ…4本　　マヨネーズ…小さじ4
梅干し…大4個

作り方

1. ちくわは5mm幅の斜め切りに、梅干しは種を取って叩き、ペーストにする。
2. すべての材料をポリ袋に入れ、混ぜ合わせる。

塩昆布クリチピーマン

材料 2人分

ピーマン…3個
クリームチーズ（「キリクリームチーズ」を使用）…1個（約16g）

A
- 塩昆布…大さじ1と1/2
- ごま油…小さじ1

作り方

1. ピーマンはヘタと種をつけたまま縦半分に切り、細切りにする。
2. 耐熱ボウルに1を入れてふんわりとラップをし、電子レンジで2分30秒加熱する。
3. クリームチーズを細かくちぎって加え、Aを加えて混ぜ合わせる。

ひき肉ステーキの献立

コスパ最高なのに、普通のステーキより美味しいかも!?
片栗粉をまぶすことでこんがり仕上がります。

ひき肉ステーキ

材料 2人分

合いびき肉…300g
片栗粉…大さじ2
塩・ブラックペッパー…各少々
A [砂糖…大さじ1
みりん…大さじ1
醤油…大さじ2
水…大さじ2
にんにくチューブ…6cm]

作り方

1. 火をつける前のフライパンにひき肉と片栗粉を入れてさっくりと混ぜ、2等分し、ステーキの形に整える。塩とブラックペッパーをそれぞれの上面にふる。
   POINT 崩れやすいので、ギュッとかためるように成形する。

2. 点火し、4分焼く。裏返して弱中火で4分焼き、器に盛る。

3. フライパンの余分な油をペーパーでふき取る。Aを入れて煮立たせ、2にかける。

MEMO
お好みでわさびを添えても美味しい！

にんじんとコーンのグラッセ

材料 2人分

にんじん…小1本
コーン缶(汁気を切る)…100g
A [バター…10g
砂糖…大さじ1と1/2
塩…少々]

作り方

1. にんじんは1cm角に切る。

2. 耐熱ボウルに1、コーン、Aを入れ、ふんわりとラップをして電子レンジで3分加熱する。一度取り出して混ぜ、さらに3分加熱する。

3. 塩適宜(分量外)で味を調える。

コンソメスープ

材料 2人分

玉ねぎ…1/8個
ハーフベーコン…4枚
オリーブオイル…小さじ1
A [水…400cc
顆粒コンソメ…小さじ2]
塩…適宜

作り方

1. 玉ねぎは薄切りに、ベーコンは7mm幅に切る。

2. 小鍋にオリーブオイルを熱し、1を入れて2分炒める。

3. Aを加えて煮立たせ、塩で味を調える。

カレーチーズつくねの献立

表面がサクサク香ばしい！
ヘルシーなのにパンチの効いたカレー味です♪

カレーチーズつくね

材料 2人分

鶏ひき肉…200g
木綿豆腐…150g
ピザ用チーズ…60g
片栗粉…大さじ1
カレー粉…大さじ1/2
鶏ガラスープの素…小さじ2

作り方

1. すべての材料をポリ袋に入れ、滑らかになるまで揉み混ぜる。
2. 火をつける前のフライパンに油大さじ1（分量外）をひき、1を円形に広げる。
3. 点火して5分焼き、裏返したら食べやすい大きさに切り分ける。反対側も2分30秒ほど、こんがりするまで焼く。

> MEMO
> マヨネーズをつけて食べても美味しい！

ナスのケチャップチーズ焼き風

材料 2人分

ナス…小2本(150g)
オリーブオイル…小さじ2
ピザ用チーズ…30g

A ［ケチャップ…大さじ1と1/2
　　顆粒コンソメ…小さじ1/2］

作り方

1. ナスは3〜4mm厚さの半月切りにする。
2. 1を耐熱ボウルに入れてオリーブオイルを回しかけ、全体に絡める。ふんわりとラップをして電子レンジで4分30秒加熱する。
3. Aを加えて混ぜ、上にピザ用チーズをのせる。ラップなしで、再度電子レンジで1分30秒加熱する。

じゃがバターごはん

材料 2人分

米…2合
じゃがいも…2個

A ［醤油…大さじ2
　　みりん…大さじ2］

バター…15g
塩…適量

作り方

1. 炊飯器の内釜にといだお米とAを入れる。水（分量外）を2合の目盛りまで注いで混ぜる。
2. 皮をむいたじゃがいもを入れ、通常炊飯する。
3. 炊けたらバターを入れ、じゃがいもを崩しながら混ぜ、塩で味を調える。好みでバターと醤油適量（分量外）をかける。

CHAPTER 3 ひき肉のおかずの献立

ヤンニョムソーセージエッグの献立

ヤンニョムダレが絡んだ
ソーセージが美味しすぎる！
半熟卵をつけて召し上がれ♪

ヤンニョムソーセージエッグ

材料 2人分

ソーセージ…10本
ごま油…大さじ1/2
卵…2個

A
- 砂糖…大さじ1/2
- 鶏ガラスープの素…小さじ1/2
- コチュジャン…小さじ2
- にんにくチューブ…4cm

作り方

1 ソーセージは切り込みを入れ、それぞれ半分に切る。

2 フライパンにごま油を熱し、卵を割り入れ、空いているスペースにソーセージを入れる。

3 ソーセージを転がしながら焼き、卵を2分〜2分30秒好みのかたさになるまで焼いて取り出す。さらに1分ほど、ソーセージがこんがりとするまで炒める。

4 一旦火を止めてAを加え、ソーセージ全体に絡める。

5 再度点火し、30秒ほど混ぜながら炒める。

> **MEMO**
> お好みで卵に塩少々を
> ふって召し上がれ！

レンジでツナじゃが

材料 2人分

じゃがいも…1個
玉ねぎ…1/4個
ツナ缶(油漬け)…1/2缶

A
- 水…大さじ1
- 砂糖…小さじ2
- 醤油…小さじ2と1/2
- みりん…小さじ2

作り方

1 じゃがいもは2〜3cm角に、玉ねぎは薄切りにする。

2 耐熱ボウルに1とツナ缶を油ごと入れ、Aを加え、ふんわりとラップをして電子レンジで5分加熱する。

3 一旦取り出して混ぜ、再度電子レンジで2分加熱して混ぜ合わせる。

きのこのかき玉スープ

材料 2人分

ごま油…小さじ1
しめじ…1/3パック(30g)
卵…1個
塩…少々

A
- 水…400cc
- 醤油…大さじ1
- めんつゆ(4倍濃縮)…大さじ1

作り方

1 鍋にごま油を熱し、しめじをほぐして入れ、30秒炒める。

2 Aを加え、煮立たせる。

3 火を止め、溶き卵を細長く回し入れ、塩で味を調える。

もやしチャンプルーの献立

厚揚げこんがり、もやしシャキッ!
コスパ抜群食材を組み合わせた最強おかず。

もやしチャンプルー

材料 2人分

絹厚揚げ…2枚(300g)
ごま油…大さじ1と1/2
もやし…1袋(200g)
A [砂糖…大さじ1
　　オイスターソース…大さじ3
　　醤油…小さじ2]
卵…2個
鰹節…2袋(4g)
刻み海苔…適量

作り方

1. 厚揚げはそれぞれ10等分にキッチンバサミでカットする。
2. フライパンにごま油を熱し、1を入れて2分30秒ほど、カリッとするまで焼く。裏返して1分30秒ほど、反対側もカリッとするまで焼く。
3. もやしを加え、2分ほど炒める。
4. Aを加えてサッと混ぜたら、卵を割り入れて手早く混ぜ、少しかたまってきたら全体を混ぜ合わせる。
5. 火を止め、鰹節を加えて混ぜる。器に盛り、刻み海苔をトッピングする。

かぼちゃのそぼろあん

材料 2人分

かぼちゃ…1/6個(200g)
A [豚ひき肉…80g　片栗粉…小さじ1
　　水…大さじ7　めんつゆ(4倍濃縮)
　　砂糖…小さじ2　…小さじ4]

作り方

1. かぼちゃは2〜3cm角に切る。
2. 耐熱ボウルにAを入れて混ぜ、1を加える。
3. ふんわりとラップをして電子レンジで6分加熱する。一旦取り出して混ぜ、再度電子レンジで3分加熱して混ぜる。

薬味きゅうり漬け

材料 2人分

きゅうり…1本　　塩昆布…大さじ1
みょうが…1/2本　めんつゆ(4倍濃縮)…大さじ1
大葉…2枚　　　　ごま油…小さじ1/2

作り方

1. きゅうりは斜め薄切りにし、みょうがと大葉は千切りにする。
2. すべての材料をポリ袋に入れて揉み混ぜ、冷蔵庫で20分冷やす。

CHAPTER 3 ひき肉のおかずの献立

市販のミートソースを使うからめっちゃラク♪
子どもから大人まで大好きな味です。

ミートソースで！
トマトチーズ鍋の献立

ミートソースで！トマトチーズ鍋

材料 2人分

- キャベツ…1/5個（250g）
- 玉ねぎ…1/4個
- ソーセージ…8本
- A [水…250cc
    顆粒コンソメ…大さじ1と1/2]
- ミートソース（パスタ用）…2人分（260g）
- ピザ用チーズ…50g

作り方

1. キャベツはざく切りに、玉ねぎは薄切りに、ソーセージはそれぞれ斜め4等分に切る。
2. 鍋に1を入れてAを加え、強中火で8分煮る。
3. ミートソースを加えて混ぜる。再び煮立ったら弱火にし、ピザ用チーズをのせる。ふたをして1分ほど、チーズが溶けるまで煮る。

POINT 好みでブラックペッパーをふる。

イタリアン漬けきゅうり

材料 2人分

- きゅうり…1本
- A [砂糖…大さじ1
    醤油…大さじ1
    酢…大さじ1/2
    オリーブオイル…小さじ2
    にんにくチューブ…3cm
    塩…少々
    ブラックペッパー…少々]

作り方

1. きゅうりをポリ袋に入れ、瓶などで叩く。ある程度叩いたら、ヘタを取り除き、食べやすい大きさに手で割る。
2. Aを加えて全体になじむように混ぜ、冷蔵庫で20分冷やす。

CHAPTER

4

揚げ焼きの
おかず
の献立

手間のかかる揚げ物こそ、てぬキッチンにおまかせ！
どれもフライパンで少量の油だけで作る揚げ焼きレシピなので、
後片づけや油の処理がラクチンで、
揚げ物料理のハードルが下がりまくること間違いなし！
カリッ＆ジュワ〜の絶品揚げ立ての美味しさを
手抜きしながらたくさんお楽しみください♪

鶏むね肉のチーズカツレツの献立

衣に混ぜた粉チーズの風味が絶品♪
揚げ焼きで気軽に作れます!

鶏むね肉のチーズカツレツ

材料 2人分

鶏むね肉…300g
塩・ブラックペッパー…各適量

A［ 薄力粉…大さじ4
　 水…大さじ4 ］

B［ パン粉…35g
　 粉チーズ…大さじ3 ］

作り方

1 鶏肉は厚みが均一になるように切り込みを入れて開き、2等分にする。ラップを被せて瓶の底などで1.5倍ほどの大きさになるよう叩く。塩とブラックペッパーを片面にふる。

2 A、Bをそれぞれボウルに入れて混ぜ合わせる。**1**に**A**を絡め、**B**をしっかりと押しつけるようにしてまぶす。

3 フライパンに油(分量外)を深さ2〜3mm入れて熱し、弱中火にして**2**を片面3分30秒ずつ、こんがりするまで両面揚げ焼きする。

> **MEMO**
> ケチャップ、マヨネーズ各大さじ1、砂糖小さじ1/3、にんにくチューブ3cmを合わせたソースにつけても美味しい!

レンジかぼちゃスープ

材料 2人分

かぼちゃ
　…1/6個(200g)
玉ねぎ…1/8個

A［ 水…75cc
　 バター…5g ］

牛乳…75cc
顆粒コンソメ…小さじ2/3
塩…適量

作り方

1 かぼちゃは皮をピーラーでむき、2〜3cm角に切る。玉ねぎはすりおろす。

2 耐熱ボウルに**1**、**A**を入れ、ふんわりとラップをして電子レンジで7分加熱する。

3 泡立て器で潰しながら滑らかになるまで混ぜる。牛乳とコンソメを加えてさらに混ぜ、塩で味を調える。
POINT 好みで食べる直前にレンジで温める。

コーンソーセージ炊き込みごはん

材料 2人分

米…2合
コーン缶…1缶

A［ 醤油…大さじ1
　 顆粒コンソメ…小さじ2 ］

ソーセージ…4本

バター…15g
塩…適量

作り方

1 炊飯器の内釜にといだ米とコーン缶の汁、**A**を入れる。水(分量外)を2合の目盛りまで注いで混ぜる。

2 ソーセージをキッチンバサミで厚さ6mmの輪切りにして入れ、コーンを加えて通常炊飯する。

3 炊けたらバターを加えて混ぜ合わせ、塩で味を調える。

CHAPTER **4** ── 揚げ焼きのおかずの献立

オイごま油の豚こま唐揚げの献立

オイスターソース&ごま油の中華風豚唐揚げ！
ザクザクした食感がクセになる♪

オイごま油の豚こま唐揚げ

材料 2人分

豚こま切れ肉…200g
A [オイスターソース…大さじ2
片栗粉・酒・ごま油…各大さじ1
鶏ガラスープの素…小さじ1
にんにくチューブ・
しょうがチューブ…各5cm]
片栗粉（まぶす用）…大さじ8

作り方

1. ポリ袋に豚肉とAを入れ、全体が均一になるように揉み混ぜる。
2. 1枚ずつ広げ、片栗粉を全体が白っぽくなるまでまぶす。
3. フライパンに油（分量外）を深さ2〜3mm入れて熱し、弱中火にして2を片面2〜3分ずつ、カリカリになるまで両面揚げ焼きする。

しいたけのマヨチーズ焼き

材料 2人分

しいたけ…6個　ピザ用チーズ…適量
マヨネーズ…適量　醤油…適量

作り方

1. しいたけは軸をキッチンバサミで切り落とし、カサの内側が上になるようにアルミホイルに並べる。
2. マヨネーズをカサの内側全体に絞ってピザ用チーズをのせ、トースターで8〜9分焼く。
3. 焼けたら醤油をたらす。

やみつきニラえのき

材料 2人分

えのき…1パック（100g）
ニラ…2〜3本
A [めんつゆ（4倍濃縮）…大さじ1と1/2
ごま油…大さじ1/2
コチュジャン…小さじ1]

作り方

1. えのきはキッチンバサミで3cm幅に切り、ニラは1cm幅に切って、耐熱ボウルに入れる。
2. Aを加え、ふんわりとラップをして電子レンジで3分加熱し、混ぜる。

のり塩スティックチキンの献立

ポリ袋で衣をつければ簡単！
食べた瞬間、青のりの香りが広がります♪

CHAPTER 4 ── 揚げ焼きのおかずの献立

のり塩スティックチキン

材料 2人分

鶏むね肉…300g
A [薄力粉…大さじ1
　　マヨネーズ…大さじ1と1/2
　　鶏ガラスープの素…小さじ1
　　にんにくチューブ…3cm]
B [パン粉…大さじ12
　　青のり…大さじ1]
塩…適量

作り方

1. 鶏肉は繊維をたつようにそぎ切りにし、7cmほどの長さのスティック状に切る。
2. ポリ袋に1とAを入れて全体が混ざるように揉み混ぜる。
3. 別のポリ袋にBを入れてふり混ぜる。2の鶏肉を加え、ふり混ぜてまぶす。
4. フライパンに油（分量外）を深さ2〜3mm入れて熱し、弱中火にして3の衣を押しつけるようにまぶしながらフライパンに入れる。
5. 3分ほど、こんがりするまで揚げ焼きする。裏返して2分30秒ほど、反対側もカリッとするまで揚げ焼きしたら器に盛り、塩を軽くふる。

ツナ大根

材料 2人分

大根…1/5本（200g）
ツナ缶（油漬け）…1缶
A [めんつゆ（4倍濃縮）…大さじ1と1/2
　　砂糖…小さじ1]
ごま油…小さじ1

作り方

1. 大根は厚さ1〜2mmのいちょう切りにする。
2. 耐熱ボウルにツナ缶を油ごと入れ、1、Aを加えてふんわりとラップをし、電子レンジで5分加熱する。
3. 一旦取り出して混ぜ、再度ふんわりとラップをして電子レンジで5分加熱し、ごま油を入れて混ぜる。
   POINT 冷めると味が染みる。

すりごま豆腐

材料 2人分

A [白すりごま…大さじ3　　砂糖…小さじ1
　　めんつゆ（4倍濃縮）…大さじ1　　ごま油…小さじ1]
絹豆腐…300g

作り方

1. Aをボウルに入れて混ぜ、豆腐にかける。

エビはんぺん春巻きの献立

エビ春巻きをポリ袋＆揚げ焼きで超お手軽に！
エビとはんぺんでプリプリ＆ふんわり♪

エビはんぺん春巻き

材料 2人分

エビ（冷凍）…200g
はんぺん…1枚（100g）

A
鶏ガラスープの素…大さじ1/2
片栗粉…大さじ1
マヨネーズ…大さじ1

春巻きの皮…6枚
ピザ用チーズ…18g

作り方

1 エビは熱湯をかけて解凍し、粗みじん切りにする。

2 袋の上から揉んで潰したはんぺん、**1**、**A**をポリ袋に入れて混ぜる。

3 春巻きの皮に**2**とチーズを6等分してのせ、包む。

4 フライパンに油（分量外）を深さ2〜3mm入れて熱し、弱中火にして**3**の閉じ目を下にして並べ、3分揚げ焼きする。裏返し、2分30秒ほど、カリッとするまで揚げ焼きする。

> **MEMO**
> お好みでマヨネーズをつけて
> お召し上がりください♪

無限! 白菜のハムサラダ

材料 2人分

白菜…1/8株（200g）
ハム…2枚

A
マヨネーズ
…大さじ1と1/3

砂糖…小さじ1
酢…小さじ1

塩・ブラックペッパー
…各適量

作り方

1 白菜は1cm幅に切る。ハムは半分に切ってから細切りにする。

2 **1**の白菜を耐熱ボウルに入れ、ふんわりとラップをして電子レンジで4分加熱する。

3 **2**を水にさらして冷やし、しっかりと水気を絞り、ボウルに戻す。

4 **1**のハム、**A**を加えて混ぜ合わせ、塩とブラックペッパーで味を調える。

レンジ麻婆春雨

材料 2人分

春雨…50g
豚ひき肉…70g

A
水…230cc
みりん…大さじ2
オイスターソース
…大さじ1と1/2

鶏ガラスープの素
…小さじ2/3
醤油…小さじ2
豆板醤…小さじ2/3

長ねぎ…10cm
水溶き片栗粉（水と片栗粉を
小さじ2ずつ溶く）…小さじ4
ごま油…大さじ1/2

作り方

1 耐熱ボウルに春雨を入れ、上にひき肉をのせ、**A**を入れる。ふんわりとラップをして電子レンジで6分加熱する。
POINT 春雨が長い場合はキッチンバサミで半分に切る。

2 **1**に長ねぎをキッチンバサミで細かく切って加え、水溶き片栗粉を混ぜながら入れる。

3 ラップなしで、再度電子レンジで1分加熱し、ごま油を加えて混ぜる。
POINT 味が足りなければ鶏ガラスープの素で調える。

ピザ春巻きの献立

とろ〜りチーズがジューシーで美味しい！
子どもから大人まで大好きなピザ味です♡

ピザ春巻き

材料 2人分

玉ねぎ…1/4個
ハーフベーコン…6枚
春巻きの皮…6枚
ピザソース…大さじ3
ピザ用チーズ…60g

作り方

1. 玉ねぎはみじん切りに、ベーコンは細切りにする。
2. 春巻きの皮にピザソースを塗り、その上に玉ねぎ、ベーコン、チーズを6等分にしてのせ、包む。
   POINT 1枚につきピザソース大さじ1/2、チーズ10gずつ包む。
3. フライパンに油(分量外)を深さ2〜3mm入れて熱し、弱中火にして2の閉じ目を下にして並べ、2分揚げ焼きする。裏返して1分弱揚げ焼きする。

白菜とベーコンのスープ

材料 2人分

白菜…1〜2枚(100g)　バター…8g
ハーフベーコン　　　水…150cc
　…4枚　　　　　　　塩…適宜

A [牛乳…250cc
　　コンソメ…小さじ1と1/2
　　醤油…小さじ1]

作り方

1. 白菜は細かく手でちぎり、ベーコンは7mm幅に切る。
2. 小鍋にバターを熱し、1を入れて3分炒める。
3. 水を入れ、沸騰させて5分煮込み、Aを加えて煮立たせないように1分30秒温める。塩で味を調える。
   POINT 吹きこぼれに注意。

ブロッコリーのツナマヨカレー

材料 2人分

ブロッコリー
　…1/2株(120g)
ツナ缶(油漬け)
　…1/2缶
塩…適量

A [マヨネーズ…大さじ2と1/2
　　カレー粉…小さじ1
　　砂糖…小さじ1/2
　　めんつゆ(4倍濃縮)…小さじ1/2]

作り方

1. ブロッコリーは小房に分け、耐熱ボウルに入れる。ふんわりとラップをして1分30秒加熱する。
2. 粗熱が取れたら、ツナ缶を油ごと加え、Aを加えて混ぜ合わせる。塩で味を調える。

チキンナゲットの献立

袋で混ぜてそのまま絞り出せば手が汚れない！
みんなが大好きBBQソースを添えて♪

チキンナゲット

材料 2人分

鶏ひき肉…200g
木綿豆腐…150g
片栗粉…大さじ4
マヨネーズ…大さじ2
醤油…大さじ1/2
鶏ガラスープの素…小さじ2
にんにくチューブ…4cm
塩・ブラックペッパー…各少々
A ┌ ケチャップ…大さじ2
　 │ ウスターソース…大さじ1
　 │ 醤油…小さじ1/2
　 └ 砂糖…小さじ1

作り方

1. A以外のすべての材料をポリ袋に入れ、揉み混ぜる。
2. フライパンに油（分量外）を深さ2〜3mm入れて熱する。弱中火にし、1のポリ袋の角を切って肉だねを絞り出し、キッチンバサミで食べやすい大きさに切り落とす。
   POINT 20個ほどが目安。
3. 片面3分30秒ずつ、カリッとするまで両面揚げ焼きし、器に盛る。
4. Aを混ぜ合わせてBBQソースを作り、3に添える。

粉チーズズッキーニ

材料 2人分

ズッキーニ…1/2本
オリーブオイル…小さじ2
粉チーズ…大さじ2
塩・ブラックペッパー…各適量

作り方

1. ズッキーニは5mm厚さの輪切りにする。
2. 1をアルミホイルに並べ、オリーブオイルを回しかけて塗り、粉チーズをふる。
3. トースターで10分ほど焼き、塩とブラックペッパーで味を調える。

カレーミルクスープ

材料 2人分

ソーセージ…2本
玉ねぎ…1/8個
A ┌ カレールー…1かけ
　 └ 水…200cc
B ┌ 牛乳…200cc
　 │ バター…5g
　 │ めんつゆ（4倍濃縮）
　 └ …小さじ2

作り方

1. ソーセージは7mm厚さの輪切りに、玉ねぎは薄切りにする。
2. 1とAを耐熱ボウルに入れ、ふんわりとラップをして電子レンジで6分加熱する。
3. 全体を混ぜてカレールーを溶かし、Bを加える。再度ふんわりとラップをして電子レンジで1分加熱する。
   POINT 吹きこぼれに注意。様子を見て10秒ずつ追加加熱する。

CHAPTER 4 ― 揚げ焼きのおかずの献立

ツナはんぺんナゲットの献立

お肉なしのコスパレシピなのに、しっかり味で大満足！
おつまみにもお弁当にもぴったり♪

ツナはんぺんナゲット

材料 2人分

はんぺん…1枚(100g)　　片栗粉…大さじ3　　　　　にんにくチューブ…2cm
ツナ缶(油漬け)…1缶　　マヨネーズ…大さじ2/3
卵…1個　　　　　　　　鶏ガラスープの素…小さじ1

作り方

1 はんぺんは袋の上から揉んで滑らかにする。ツナ缶は油を軽く切る。

2 すべての材料をポリ袋に入れ、揉み混ぜる。

3 フライパンに油(分量外)を深さ2〜3mm入れて熱する。弱中火にし、**1**のポリ袋の角を切ってたねを絞り出し、キッチンバサミで食べやすい大きさに切り落とす。
POINT　14個ほどが目安。

4 3分ほど、こんがりするまで揚げ焼きする。裏返して2分揚げ焼きし、器に盛る。

5 ケチャップ適量(分量外)を添える。

白菜の塩昆布マヨサラダ

材料 2人分

白菜…1/8株(200g)　　白いりごま…大さじ2　　めんつゆ(4倍濃縮)…大さじ1/2
塩昆布…大さじ3　　　　マヨネーズ…大さじ3　　鰹節…1袋(2g)

作り方

1 白菜は手でちぎってボウルに入れる。
POINT　芯の部分は小さめにちぎる。

2 残りのすべての材料を入れて混ぜ合わせる。

丸ごとトマトチーズリゾット

材料 2人分

温かいごはん…200g　　顆粒コンソメ…大さじ1　　　　┌ ピザ用チーズ…60g ┐
ハーフベーコン…2枚　　トマト…2個　　　　　　　A │ バター…5g 　　　　│
　　　　　　　　　　　　　　　　　　　　　　　　　　└　　　　　　　　　　┘
　　　　　　　　　　　　　　　　　　　　　　　　塩・ブラックペッパー…各適量

作り方

1 耐熱容器にごはんと水大さじ2(分量外)を入れて混ぜる。

2 **1**にベーコンをキッチンバサミで細切りにして入れ、コンソメを加える。

3 トマトのヘタをキッチンバサミで切り取り、反対側に十字に切り込みを入れて**2**にのせ、ふんわりとラップをして電子レンジで10分加熱する。

4 **A**を入れてよく混ぜ、塩・ブラックペッパーで味を調える。

CHAPTER 4 —— 揚げ焼きのおかずの献立

揚げ玉とり天の献立

揚げ玉を使えば衣をつけるのもラクチン♪
ザックザクの食感がやみつきに！

揚げ玉とり天

材料 2人分

| 鶏むね肉…300g | A | 鶏ガラスープの素…大さじ1と1/2
薄力粉…大さじ4
水…大さじ4 | ごま油…大さじ1
にんにくチューブ・
しょうがチューブ
…各5cm | 揚げ玉…100g
油…大さじ4 |

作り方

1 鶏肉は繊維をたつように厚さ7〜8mmの削ぎ切りにする。

2 ポリ袋に1、Aを入れ、全体がなじむまで揉み込む。

3 鶏肉を1個ずつ取り出して全面に揚げ玉をまぶし、火をつける前のフライパンに並べる。

4 油を回しかけて点火する。3分30秒ほど、こんがりするまで揚げ焼きする。裏返し、弱中火にして3分30秒揚げ焼きする。

オイマヨちくわもやし炒め

材料 2人分

| ごま油…大さじ2/3
ちくわ…2本
もやし…1袋(200g) | A | オイスターソース…大さじ1と1/3
マヨネーズ…大さじ2/3
砂糖…小さじ1/4 | 卵…1個
塩・ブラックペッパー
…各適量 |

作り方

1 フライパンにごま油を入れて熱する。ちくわをキッチンバサミで食べやすい大きさに切って入れ、もやしを加えて2分30秒ほど炒める。

2 もやしがしんなりしたら、Aを加えてサッと絡める。

3 食材を端に寄せて空いたスペースに卵を割り入れ、手早く混ぜる。少しかたまってきたら全体を混ぜ合わせる。

4 塩、ブラックペッパーで味を調える。

> **MEMO**
> 卵に火が入りすぎないように、少し半熟に仕上げるのがオススメです！

味噌ピーマン

材料 2人分

| ピーマン…4個 | A | 白すりごま…小さじ2
砂糖…小さじ1 | 味噌…小さじ1と1/2
ごま油…小さじ1 | めんつゆ(4倍濃縮)
…小さじ2/3 |

作り方

1 ピーマンはヘタと種をつけたまま縦半分に切って細切りにする。

2 1を耐熱ボウルに入れ、ふんわりとラップをして電子レンジで4分加熱する。

3 Aを加え、味噌を溶かすように全体を混ぜ合わせる。

CHAPTER 4 ── 揚げ焼きのおかずの献立

ミルフィーユトンカツの献立

これならトンカツのハードルがグンと下がる！
薄切り肉で少ない油で作れます♪

ミルフィーユトンカツ

材料 2人分

豚ロース薄切り肉…360g(16枚)
塩・ブラックペッパー…各少々
A [薄力粉…大さじ4
    水…大さじ4]
パン粉…60g

作り方

1. 豚肉を少し重ねながら4枚ずつ並べて、片面に塩とブラックペッパーをふる。

   POINT　豚肉はパックに少し重なって入っているものを使用する場合は、そのまま4枚取り出せばOK。

2. Aをボウルに入れて混ぜ合わせ、別のボウルにパン粉を入れる。1をAに絡め、パン粉をしっかりとまぶす。

3. フライパンに油（分量外）を深さ2〜3mm入れて熱し、弱中火にして4分揚げ焼きする。裏返して2分揚げ焼きする。

MEMO
お好みでソースをかけて召し上がれ♪

カニカマからしマヨキャベツ

材料 2人分

キャベツ…1/8個(150g)　めんつゆ…小さじ1
カニ風味かまぼこ…5本　ごま油…小さじ1
マヨネーズ…大さじ3　　からし…2〜3cm

作り方

1. キャベツは千切りにする。カニ風味かまぼこは手でさく。
2. ボウルにすべての材料を入れて混ぜ合わせる。

梅なめたけ

材料 2人分

えのき…2パック　　A [砂糖・醤油・みりん・めんつゆ
(200g)　　　　　　　　　(4倍濃縮)…各小さじ2]
　　　　　　　　　　梅干し…大3個
　　　　　　　　　　鰹節…1袋(2g)

作り方

1. えのきはキッチンバサミで3cm幅に切り、耐熱ボウルに入れる。Aを加え、ふんわりとラップをして電子レンジで4分加熱する。
2. 1に種を取り除いた梅干しをキッチンバサミで細かく切って加え、鰹節も加えて混ぜ合わせる。

CHAPTER

5

魚の
おかず
の献立

ヘルシーな魚料理もたまには食べたいけれど、
魚焼きグリルで焼いて洗うのなんて、大変すぎて絶対無理……！
そんな方も大丈夫、魚のおかずはフライパン＆鍋で作ります！
ホイルに包んで蒸すだけ、ワンパンで粉をまぶして焼くだけ、
材料を入れて煮るだけなど、
「これなら作れそう！」と思える簡単レシピだけを集めました。

ホイルで包んだら
あとは放置で完成！
定番のラクチンレシピにアレンジの
味噌マヨ味もご紹介します♪

鮭のホイル焼き バターポン酢味の献立

鮭のホイル焼き バターポン酢味

材料 2人分

玉ねぎ…1/4個
しめじ…1/2パック（50g）
生鮭…2切れ
バター…20g
A ［ポン酢醤油…適量
　　ブラックペッパー…適量］

作り方

1. 玉ねぎは薄切りにし、しめじはほぐす。
2. 大きめに切ったアルミホイルを2つ用意し、半量ずつ玉ねぎ、鮭を順にのせ、しめじを置く。バターを6等分して半量ずつ散らす。
3. アルミホイルで隙間なく包み、火をつける前のフライパンに入れる。
4. 水100cc（分量外）を入れ、ふたをして点火する。沸騰したら弱火にして15分ほど加熱する。
5. 器に盛り、Aをかける。

ARRANGE

マヨネーズ大さじ1、砂糖小さじ1と1/3、味噌小さじ2を混ぜて鮭に塗り、バターは10gに減らす。あとは同様に1～4まで作ればOK！

レンジカニカマ卵焼き

材料 2人分

カニ風味かまぼこ…3本　みりん…大さじ2
小ねぎ…3本　　　　　　醤油…大さじ1/2
卵…3個　　　　　　　　塩…少々

作り方

1. カニ風味かまぼこは5mm幅に、小ねぎは小口切りにする。
2. すべての材料を耐熱ボウルに入れ、卵を溶きながら混ぜ合わせる。
3. ふんわりとラップをして電子レンジで1分30秒加熱する。
4. 一旦取り出して混ぜ、再度ふんわりとラップをして電子レンジで1分加熱する。

POINT 火が通りきらなかったら10秒ずつ追加加熱する。

おつまみたくあん

材料 2人分

長ねぎ…15cm　　　マヨネーズ…大さじ1
刻みたくあん…50g　めんつゆ（4倍濃縮）…小さじ2/3

作り方

1. 長ねぎは斜め薄切りにする。
2. すべての材料をボウルに入れ、混ぜ合わせる。

漬け込み時間なしで
あっという間に完成！
ヤバいほどごはんが進みます！

甘辛やみつき漬けの献立

甘辛やみつき漬け

材料 2人分

- 刺身…280g
- 醤油…大さじ1
- コチュジャン…大さじ1
- ごま油…大さじ1
- 白いりごま…小さじ2
- 砂糖…小さじ1と1/3
- にんにくチューブ…6cm
- 卵黄…2個

作り方

1. 卵黄以外の材料を混ぜ合わせ、半量ずつ2つの器に盛る。
2. それぞれに卵黄をトッピングする。

丸ごとちくわパン粉焼き

材料 2人分

- ちくわ…4本
- A
  - マヨネーズ…適量
  - 青のり…適量
  - ピザ用チーズ…適量
  - パン粉…適量

作り方

1. アルミホイルの上にちくわを置き、Aを順にかける。
2. トースターで6〜7分、こんがりと焼き色がつくまで焼く。

塩昆布豆腐スープ

材料 2人分

- A
  - 水…400cc
  - 塩昆布…大さじ2
  - 乾燥わかめ…2g
  - 鶏ガラスープの素…小さじ2
- 絹豆腐…150g
- 白いりごま…小さじ1
- 塩…適量

作り方

1. Aを小鍋に入れて熱し、煮立たせる。
2. 豆腐を手で割り入れ、ひと煮立ちさせる。
3. 白いりごまを加え、塩で味を調える。

CHAPTER 5 魚のおかずの献立

タラのねぎポン酢の献立

香ばしく焼いたタラにあっさりポン酢がベストマッチ！
こってり味の副菜を添えてどうぞ♪

タラのねぎポン酢

材料 2人分

- タラ…2切れ
- 片栗粉…大さじ1と1/2
- 油…大さじ2
- A
  - ポン酢醤油…大さじ3
  - 砂糖…小さじ1
  - ごま油…小さじ1/2
- 小ねぎ…3～4本

作り方

1. タラは骨を除いてキッチンバサミで一口大に切り、火をつける前のフライパンに入れる。片栗粉を加え、菜箸で絡めるように混ぜながらまぶす。
2. 油を回しかけて点火し、片面3分ずつ、両面焼く。
3. Aをボウルに入れ、小ねぎをキッチンバサミで小口切りにして加えて混ぜる。2のタラを加えて和える。

担々風肉豆腐

材料 2人分

- A
  - 豚ひき肉…100g
  - めんつゆ(4倍濃縮)…大さじ1
  - 鶏ガラスープの素…小さじ1と1/3
- B
  - 白すりごま…大さじ3
  - ごま油…小さじ1
  - ラー油…数滴
- 木綿豆腐…150g

作り方

1. Aを耐熱ボウルに入れてさっくりと混ぜる。
2. 木綿豆腐を手で適当な大きさに崩しながら入れ、ふんわりとラップをして電子レンジで5分加熱する。
3. Bを加えて優しく混ぜ合わせる。

きゅうりのにんにく味噌漬け

材料 2人分

- きゅうり…1本
- 塩昆布…大さじ1
- 砂糖…小さじ1
- 味噌…小さじ1と1/2
- ごま油…小さじ1
- 塩…少々
- にんにくチューブ…2cm

作り方

1. きゅうりをポリ袋に入れ、瓶などで叩く。ある程度叩いたら、きゅうりのヘタを取り除き、食べやすい大きさに手で割る。
   POINT　きゅうりは叩きすぎると水分が出てくるので注意。
2. 残りのすべての材料を加えて揉み混ぜ、冷蔵庫で20分冷やす。
   POINT　味噌が全体になじむようによく混ぜる。

いわしの梅煮の献立

梅と煮込むことで
臭みが気にならず、旨みもアップ！
煮るだけでめっちゃ簡単！

いわしの梅煮

材料 2人分

水…大さじ6
めんつゆ(4倍濃縮)…大さじ2
いわし…4尾
梅干し…大2個

作り方

1. 水とめんつゆを小鍋に入れて熱し、煮立たせる。
2. いわしと潰した梅干しを入れてふたをし、弱火で20分ほど煮る。
   POINT 途中、10分たったらいわしを裏返す。

ごぼうのザクザク揚げ

材料 2人分

ごぼう…100g
薄力粉…小さじ2

A [薄力粉…大さじ2　水…大さじ3
　　片栗粉…大さじ1　塩…小さじ1/6]

作り方

1. ごぼうは細切りにし、ポリ袋に入れる。薄力粉を加えてふり混ぜ、全体にまぶす。
2. ボウルにAを入れてサッと混ぜ、1を加えて絡める。
3. フライパンに油(分量外)を深さ3mmほど入れて熱する。2を少しずつ入れ、片面2分30秒ずつ、カリッとするまで両面揚げ焼きする。
4. 器に盛り、塩適宜(分量外)をふる。

カニカマもやしのからしマヨ

材料 2人分

もやし…1袋(200g)
カニ風味かまぼこ…5本

A [マヨネーズ…大さじ2
　　白すりごま…小さじ2
　　鶏ガラスープの素…小さじ2/3
　　砂糖…小さじ1/4
　　からし…3cm]

作り方

1. もやしは耐熱ボウルに入れ、ふんわりとラップをして電子レンジで3分加熱する。
2. 水にさらして冷やし、しっかりと水気を絞り、ボウルに戻す。
3. カニ風味かまぼこをさいて加え、Aを加えて混ぜ合わせる。

CHAPTER 5　魚のおかずの献立

鮭と玉ねぎのマヨチー焼きの献立

王道の組み合わせ、マヨ&チーズに
ちょい足ししたカレー粉がポイント♪

鮭と玉ねぎのマヨチー焼き

材料 2人分

玉ねぎ…1/2個
生鮭…2切れ
塩…小さじ1/4
ブラックペッパー…少々
バター…10g
A［マヨネーズ…大さじ3
　　砂糖…小さじ1/3
　　カレー粉…小さじ1/3］
ピザ用チーズ…20g

作り方

1 玉ねぎは薄切りにする。鮭は一口大に切り、塩とブラックペッパーをふる。
2 フライパンにバターを熱し、1の玉ねぎを入れて3分炒める。
3 玉ねぎを端に寄せ、鮭を入れて片面1分30秒ずつ、両面焼く。
4 一旦火を止め、Aを加えて混ぜ合わせる。
5 ピザ用チーズをのせてふたをし、再度点火して弱火で1分30秒ほど、チーズが溶けるまで焼く。

アボカドキムチ豆腐

材料 2人分

アボカド…1/2個　　白いりごま…小さじ1
木綿豆腐…150g　　ごま油…小さじ2
白菜キムチ…50g　　めんつゆ(4倍濃縮)…小さじ1
塩昆布…大さじ1

作り方

1 アボカドと豆腐は1cm角に切る。
2 すべての材料をボウルに入れ、優しく混ぜ合わせる。

ピーマンの塩昆布佃煮

材料 2人分

ピーマン…5個　　　ごま油…大さじ1
A［砂糖…小さじ4　　白いりごま…小さじ2
　　塩昆布…小さじ3　醤油…小さじ2］

作り方

1 ピーマンはヘタと種をつけたまま縦半分に切り、細切りにする。
2 フライパンにごま油を熱し、1を入れて3分30秒炒める。
3 一旦火を止めてAを加え、サッと混ぜ合わせる。
4 再度点火し、1分弱炒める。

CHAPTER

6

パスタ
の献立

スパゲティを鍋で茹でる工程はもう必要ありません！
フライパン1つで作れるワンパンパスタか
耐熱ボウル1つで作れるレンチンパスタで決まり！
定番のケチャップ味やペペロンチーノ、明太子から、
ひと味違うレモンクリーム、和風カルボナーラ、スタミナパスタまで、
バラエティ豊かなメニューが盛りだくさんです♪

レモンクリームパスタの献立

さわやか＆クリーミー♪
フライパンだけで本格的な味に！

レモンクリームパスタ

材料 1人分

- オリーブオイル…大さじ1/2
- ハーフベーコン…2枚
- 舞茸…40g
- A
  - 水…200cc
  - 牛乳…200cc
  - 顆粒コンソメ…小さじ1
- スパゲティ(5分茹でタイプ)…100g
- B
  - バター…10g
  - 粉チーズ…大さじ2
  - レモン汁…大さじ2/3
  - にんにくチューブ…2cm
- 塩・ブラックペッパー…各適量

作り方

1. フライパンにオリーブオイルを熱し、ベーコンをキッチンバサミで食べやすい大きさに切って入れる。舞茸もさいて加え、1分30秒ほど炒める。
2. 軽く焼き色がついたら**A**を加え、煮立ったらスパゲティを半分に折って入れる。
3. スパゲティがくっつかないようにときどき混ぜながら5分煮て、**B**を加える。
4. 混ぜながら、スパゲティのかたさとソースのとろみがちょうどよくなるまで煮詰める。
   POINT 水分が多い場合は強火で煮詰める。
5. 塩で味を調え、器に盛り、ブラックペッパーをふる。

ピーマンピザ

材料 1人分

- ピーマン…1個
- ピザソース(ケチャップでも可)…適量
- ピザ用チーズ…適量
- ブラックペッパー…適宜

作り方

1. ピーマンを半分に切り、ヘタと種を取る。
2. ピーマンの断面を上にしてアルミホイルにのせ、ピザソースを塗り、チーズをのせる。
3. トースターで10分焼き、好みでブラックペッパーをふる。

ナスとベーコンの
ケチャバタパスタの献立

調味料3つだけ!
シンプルだけど、間違いなく美味しい!

ナスとベーコンのケチャバタパスタ

材料 1人分

ナス…1/2本(50g)
ハーフベーコン…2枚
オリーブオイル…大さじ1
水…300cc
スパゲティ(5分茹でタイプ)…100g
A [ケチャップ…大さじ2と1/2
　　顆粒コンソメ…小さじ1
　　バター…5g]
粉チーズ…適量

作り方

1. ナスは4mm厚さの半月切りに、ベーコンは8mm幅に切る。
2. フライパンにオリーブオイルを熱し、**1**を1分30秒炒める。
3. 水を加え、沸騰したらスパゲティを半分に折って加える。
4. スパゲティがくっつかないようにときどき混ぜながら5分煮て、**A**を加える。
5. 混ぜながら、スパゲティが好みのかたさになるまで煮詰める。
6. 器に盛り、粉チーズをふる。

MEMO
お好みでタバスコをトッピングしても◎。

ブロッコリーのクリチ和え

材料 1人分

ブロッコリー…1/4株(60g)
クリームチーズ(「キリ クリームチーズ」を使用)…1個(約16g)
A [鰹節…1/2袋(1g)
　　めんつゆ(4倍濃縮)…大さじ1/2]

作り方

1. ブロッコリーは小房に分け、茎は皮のかたい部分を厚めに切り落として食べやすい大きさに切る。
2. 耐熱ボウルに入れ、ふんわりとラップをし、電子レンジで1分30秒加熱する。
3. クリームチーズを手で細かくちぎって入れ、**A**を加えて混ぜ合わせる。

CHAPTER 6 パスタの献立

ツナとトマトの冷製塩昆布パスタの献立

ツナ＆トマト＆昆布で旨みたっぷり！
冷製パスタが食べたいときはこれで決まり！

ツナとトマトの冷製塩昆布パスタ

材料 1人分

スパゲティ（5分茹でタイプ）…100g
水…280cc
トマト…1/2個
ツナ缶（油漬け）…1/2缶
A [塩昆布…大さじ1
　　オリーブオイル…大さじ1
　　めんつゆ（4倍濃縮）…小さじ2
　　にんにくチューブ…2cm]

作り方

1. スパゲティは半分に折って、耐熱ボウルに交差させて入れる。
2. 水を加え、ラップなしで、電子レンジで9分加熱する。
3. トマトは1cm角に切る。
4. 2をザルに上げ、氷水（分量外）にさらしてキンキンに冷やし、しっかりと水気を切り、ボウルに戻す。
5. ツナ缶を油ごと加え、3、Aを加えて混ぜ合わせる。

POINT 味が足りない場合は塩昆布で調整する。

豚バラとじゃがいもの甘辛炒め

材料 1人分

じゃがいも…1個（150g）
豚バラ薄切り肉…80g
ごま油…小さじ1
A [砂糖…小さじ2
　　醤油…小さじ4
　　みりん…小さじ2
　　にんにくチューブ…2cm]
塩…適宜

作り方

1. じゃがいもは2〜3cm角に切って耐熱ボウルに入れ、ふんわりとラップをして電子レンジで3分30秒加熱する。
2. 豚肉は2cm幅に切る。
3. フライパンにごま油を熱し、1、2を入れる。あまり動かさずに6分ほど、豚肉はカリカリに、じゃがいもはこんがりと焼き色がつくまで焼く。
4. 余分な油をペーパーでふき取る。Aを加えて1分弱絡めながら炒め、塩で味を調える。

焼き海苔だけパスタの献立

具材がなくても、海苔さえあればOK！
めんつゆバターが最高に美味しい♪

CHAPTER 6 ── パスタの献立

焼き海苔だけパスタ

材料 1人分

スパゲティ（5分茹でタイプ）…100g
焼き海苔（全形）…1枚
水…240cc
めんつゆ（4倍濃縮）…大さじ1と1/3
バター…10g

作り方

1. スパゲティは半分に折って、耐熱ボウルに交差させて入れ、海苔をちぎってのせる。
2. 水を加え、ラップなしで、電子レンジで7分30秒加熱する。
3. めんつゆ、バターを入れて混ぜる。

無限ちくわキャベツ

材料 1人分

キャベツ…2枚（100g）
ちくわ…1本
A [マヨネーズ…大さじ1/2
　　赤しそふりかけ…小さじ1/2]

作り方

1. キャベツは手でちぎって耐熱ボウルに入れる。ふんわりとラップをして電子レンジで3分加熱する。
2. ちくわは縦半分に切ってから斜め細切りにする。
3. 1を水にさらして冷やし、しっかりと水気を絞り、ボウルに戻す。
4. 2、Aを加えて混ぜ合わせる。

ケチャップカルボの献立

カルボナーラをケチャップ味にしてみたら、激うま！
粉チーズはたっぷりがオススメ♪

ケチャップカルボ

材料 1人分

スパゲティ（5分茹でタイプ）…100g
ハーフベーコン…2枚
水…220cc
A ┃ 卵…1個
　 ┃ バター…8g
　 ┃ ケチャップ…大さじ3
　 ┃ にんにくチューブ…3cm
粉チーズ…適量
ブラックペッパー…少々

作り方

1. スパゲティは半分に折って、耐熱ボウルに交差させて入れ、ベーコンをキッチンバサミで8mm幅に切って加える。
2. 水を加え、ラップなしで、電子レンジで7分30秒加熱する。
3. Aを加えてよく混ぜて器に盛り、粉チーズとブラックペッパーをふる。

POINT ソースがとろっとしていなかったら電子レンジで10秒ずつ追加加熱して混ぜる。

レタスナッツサラダ

材料 1人分

ハーフベーコン…2枚
ミックスナッツ…15g
にんにくチューブ…3cm
オリーブオイル…大さじ1と1/2
レタス…小1/4個（60g）
塩・ブラックペッパー…各適量

作り方

1. ベーコンは細切りに、ミックスナッツは粗めに刻む。
2. 火をつける前のフライパンに1、にんにくチューブを入れる。オリーブオイルを回しかけて点火し、オリーブオイルが煮立ったら弱火にして4分ほど、ベーコンがこんがりとするまで炒める。
3. ボウルにレタスをちぎって入れ、2を加えて混ぜ合わせ、塩とブラックペッパーで味を調える。

ソーセージの
バターペペロンチーノの献立

薄切りにしたソーセージの
カリッと食感がGOOD！
みんながハマる神レシピ！

ソーセージの
バターペペロンチーノ

材料 1人分

ソーセージ…3本
オリーブオイル…大さじ1
水…300cc
スパゲティ（5分茹でタイプ）…100g
A ［コンソメ…小さじ1
　　にんにくチューブ…5〜6cm］
B ［バター…8g
　　一味唐辛子…5〜7ふり
　　塩・ブラックペッパー…各適量］
乾燥パセリ…小さじ1と1/2

作り方

1 ソーセージは1〜2mm厚さの輪切りにする。

2 フライパンにオリーブオイルを熱し、1を2分ほど、こんがりするまで炒める。

3 水を加え、沸騰したらスパゲティを半分に折って入れる。

4 Aを加え、スパゲティがくっつかないようにときどき混ぜながら5分煮て、Bを加える。

5 混ぜながらスパゲティが好みのかたさになるまで煮詰め、パセリを加えて和える。

ナスの
粉チーズまみれ

材料 1人分

ナス…1本（100g）
オリーブオイル…大さじ1
A ［顆粒コンソメ…小さじ1/3
　　酢…小さじ1/2
　　にんにくチューブ…2cm］
粉チーズ…大さじ1
ブラックペッパー…少々

作り方

1 ナスは小さめの乱切りにする。
POINT 火が通りやすくなるよう小さめに切る。

2 耐熱ボウルに1とオリーブオイルを入れ、全体に絡める。ふんわりとラップをし、電子レンジで4分加熱する。

3 Aを加えてなじむまで混ぜ合わせる。器に盛り、粉チーズとブラックペッパーをふる。

和風カルボナーラの献立

塩昆布とめんつゆがカルボナーラに超絶合う！
もちろん生クリームなんて使いません！

和風カルボナーラ

材料 1人分

スパゲティ（5分茹でタイプ）…100g
水…230cc
卵…1個
バター…10g
塩昆布…大さじ1強
粉チーズ…大さじ2
めんつゆ（4倍濃縮）…小さじ2
にんにくチューブ…3cm

作り方

1. スパゲティは半分に折って、耐熱ボウルに交差させて入れる。
2. 水を加え、ラップなしで、電子レンジで7分30秒加熱する。
3. 残りのすべての材料を加えて混ぜ合わせ、ラップなしで、再度電子レンジで20秒加熱してよく混ぜる。
   POINT ソースがとろっとしていなかったら電子レンジで10秒ずつ追加加熱して混ぜる。

MEMO
味が足りない場合は、塩昆布で調整してください♪

ベーコンときのこのカレースープ

材料 1人分

ハーフベーコン…2枚
玉ねぎ…少々
しめじ…1/4パック（25g）
オリーブオイル…小さじ1
水…200cc
A [カレールー…1/2かけ
    顆粒コンソメ…小さじ1]
ピザ用チーズ…適量

作り方

1. ベーコンは7mm幅に、玉ねぎは薄切りにし、しめじはほぐす。
2. 小鍋にオリーブオイルを熱し、1を入れて1分炒める。
3. 水を加え、煮立ったら火を止めて、Aを加えて溶かす。器に盛り、チーズをトッピングする。

豚ニラスタミナパスタの献立

豚バラ、ニラ、にんにくで元気が出る味!
簡単なのにおなかいっぱい、大満足!

豚ニラスタミナパスタ

材料 1人分

ごま油…小さじ1
豚バラ薄切り肉…60g
水…300cc
スパゲティ(5分茹でタイプ)…100g
ニラ…3本
A [醤油…大さじ1と1/3
　　みりん…大さじ1
　　にんにくチューブ…8cm]
塩・ブラックペッパー…各適量
ごま油…大さじ1/2

作り方

1. フライパンにごま油を熱し、豚肉をキッチンバサミで2cm幅に切って入れ、1分30秒炒める。
2. 水を加え、沸騰したらスパゲティを半分に折って加える。
3. スパゲティがくっつかないようにときどき混ぜながら4分煮る。ニラをキッチンバサミで3cm幅に切って加え、さらに1分煮る。
4. Aを加え、混ぜながらスパゲティが好みのかたさになるまで煮詰める。
5. 塩とブラックペッパーで味を調え、ごま油を回しかける。

ベーコン大葉チーズ油揚げ

材料 1人分

油揚げ…1枚
ハーフベーコン…2枚
大葉…2枚
ピザ用チーズ…16g
醤油…適量

作り方

1. 油揚げを半分に切って開き、袋状にする。ベーコン1枚で大葉1枚を挟み、油揚げに入れ、さらにチーズ8gを入れる。同じものをもう1つ作る。
2. アルミホイルにのせ、トースターで3分焼き、それぞれ半分に切って、醤油をたらす。

和風明太子パスタの献立

レンチンだけ＆シンプルな材料で作れて、お店の味♪
包丁＆まな板いらずの献立です！

和風明太子パスタ

材料 1人分

スパゲティ（5分茹でタイプ）…100g
水…220cc
A ［明太子…大さじ2強（35g）
　　バター…10g
　　めんつゆ（4倍濃縮）…大さじ1/2］
大葉…2枚

作り方

1. スパゲティは半分に折って、耐熱ボウルに交差させて入れる。
2. 水を加え、ラップなしで、電子レンジで7分30秒加熱する。
3. **A**を加えて、混ぜ合わせる。
4. 器に盛り、大葉をちぎって散らす。

オクラとベーコンのやみつき炒め

材料 1人分

オクラ…4本
ハーフベーコン…2枚
油…小さじ1
A ［バター…3g
　　めんつゆ（4倍濃縮）…小さじ1
　　にんにくチューブ…1cm］

作り方

1. オクラはキッチンバサミで5mm幅の斜め切りにし、ベーコンは5mm幅に切る。
2. フライパンに油を熱し、**1**を入れて2分ほど炒める。
3. ベーコンがこんがりしてオクラに火が通ったら、**A**を加えてサッと絡める。

CHAPTER

7

うどん&
麺類
の献立

冷凍庫に常備できるうえ、レンチン解凍ですぐに使える
冷凍うどんは手抜きレシピに大活躍！
とろ～りあんかけ、洋風のたらこクリーム、ぶっかけなどなど、
こってりからあっさりまで、いろいろな味を揃えました♪
そば、中華麺、そうめんなど、他の麺類もあわせてご紹介。
どれもおうちにある調味料で簡単に作れて、本格的な美味しさです！

鶏肉のあんかけ卵うどんの献立

あんかけで鶏の旨みを閉じ込めて。
ふわとろ卵の優しさに心も温まる♡

鶏肉のあんかけ卵うどん

材料 1人分

冷凍うどん…1玉
鶏もも肉…80g
A [水…190cc
　　めんつゆ(4倍濃縮)…大さじ2と1/2
　　みりん…大さじ2]
水溶き片栗粉(片栗粉と水を
　小さじ2ずつ溶く)…小さじ4
卵…1個

作り方

1. 冷凍うどんは袋の表示通りに電子レンジで解凍し、器に盛る。
2. 小鍋を熱し、鶏肉をキッチンバサミで2cm角に切って入れ、皮目を下にして2分焼く。裏返して1分焼く。
3. Aを加え、煮立ったら一旦火を止める。混ぜながら水溶き片栗粉を入れる。
4. 再度点火し、煮立ったら溶き卵を細長く回し入れ、1にかける。

やみつき旨塩オクラ

材料 1人分

オクラ…4本
A [白いりごま…小さじ1/2
　　鶏ガラスープの素…小さじ1/6
　　ごま油…小さじ1]
塩…適宜

作り方

1. オクラはキッチンバサミで斜め半分に切り、耐熱ボウルに入れる。ふんわりとラップをして電子レンジで1分加熱する。
2. Aを加えて混ぜ合わせ、塩で味を調える。

豚バラねぎの甘辛つけうどんの献立

こんがり豚バラとねぎの香ばしさが最高！
冷たいうどんに熱いつけ汁が絶妙な美味しさ。

豚バラねぎの甘辛つけうどん

材料 1人分

冷凍うどん…1玉
長ねぎ…1/2本
豚バラ薄切り肉…50g
ごま油…小さじ1
A [水…100cc
　　みりん…大さじ1と1/2
　　めんつゆ(4倍濃縮)…大さじ1と1/2
　　にんにくチューブ…5cm]

作り方

1. 冷凍うどんは袋の表示通りに電子レンジで解凍する。氷水(分量外)にさらしてキンキンに冷やし、しっかりと水気を切って器に盛る。
2. 長ねぎはキッチンバサミで斜め切りに、豚肉は2cm幅に切る。
3. フライパンにごま油を熱し、2を入れて2分ほど、こんがりするまで炒める。
4. Aを加えて煮立ったら器に盛り、うどんに添える。

MEMO
お好みで柚子胡椒や一味唐辛子をトッピングして召し上がれ♪

おろしマヨ厚揚げ

材料 1人分

大根…4cm(100g)
絹厚揚げ…1枚(150g)
マヨネーズ…適量
めんつゆ(4倍濃縮)…適量

作り方

1. 大根はすりおろして軽く水気を絞る。
2. 厚揚げはキッチンバサミで4等分に切り、アルミホイルにのせてトースターで12分焼く。
3. 2に大根おろしをのせ、マヨネーズを絞り、めんつゆを回しかける。
   POINT マヨネーズとめんつゆの分量は好みで調整する。

CHAPTER 7 うどん＆麺類の献立

たらこクリームうどんの献立

たらこ&クリームチーズが濃厚で美味しい♪
レンジだけのお手軽献立です！

たらこクリームうどん

材料 1人分

冷凍うどん…1玉
A [たらこ…大さじ2弱(25g)
　　クリームチーズ(「キリ クリームチーズ」を使用)…1個(約16g)
　　牛乳…小さじ2
　　めんつゆ(4倍濃縮)…小さじ1/2]
小ねぎ(小口切り)・刻み海苔…各適量

作り方

1. 冷凍うどんは袋の表示通りに電子レンジで解凍する。
2. ボウルにAを入れて混ぜ、1を加えてさらに混ぜる。
3. 器に盛り、小ねぎと刻み海苔をトッピングする。

オクラの豚バラ巻き

材料 1人分

オクラ…4本
豚バラ薄切り肉…40g
塩・ブラックペッパー…各適量

作り方

1. オクラは1本ずつ豚肉で巻く。
   POINT 豚肉が長いときはオクラに合わせて切る。
2. 1を耐熱皿に入れ、ふんわりとラップをして電子レンジで2分加熱する。
3. 塩、ブラックペッパーをふる。

オイ醤油焼きうどんの献立

オイスターとにんにく&しょうがで、普通の焼うどんより断然美味しい！

オイ醤油焼きうどん

材料 1人分

冷凍うどん…1玉
豚バラ薄切り肉…80g
A [もやし…1/2袋(100g)
にんにくチューブ・
　しょうがチューブ…各3cm]
B [みりん…大さじ1
オイスターソース…大さじ1
醤油…大さじ1/2
鶏ガラスープの素…小さじ1/4]
ごま油…小さじ1/2

作り方

1. 冷凍うどんは袋の表示通りに電子レンジで解凍する。
2. フライパンを熱し、豚肉をキッチンバサミで2cm幅に切って入れ、1分炒める。
3. Aを加えて1分炒め、1を加えてさらに30秒ほど炒める。
4. Bを加えて1分炒め、ごま油を回しかける。

白菜のごま油ナムル

材料 1人分

白菜…1〜2枚(100g)
ちくわ…1本
A [鶏ガラスープの素…小さじ1/4
ごま油…小さじ1
ブラックペッパー…少々
にんにくチューブ…2cm]
塩…適量

作り方

1. 白菜は1cm幅に切る。
2. 1を耐熱ボウルに入れ、ふんわりとラップをして電子レンジで2分加熱する。
3. ちくわは縦に半分に切ってから斜め細切りにする。
4. 2を水にさらして冷やし、しっかりと水気を絞り、ボウルに戻す。
5. 3、Aを加えて混ぜ合わせ、塩で味を調える。

CHAPTER 7 うどん&麺類の献立

レンジ揚げナスのぶっかけうどんの献立

即席揚げナスが、
レンジで作ったとは思えない美味しさ！
キンキンに冷やしてさっぱり食べたい♪

レンジ揚げナスの ぶっかけうどん

材料 1人分

ナス…小1本(75g)
ごま油…小さじ2
小ねぎ…2本
冷凍うどん…1玉
A [めんつゆ(4倍濃縮)…大さじ1と1/2
　　水…大さじ4]
揚げ玉…大さじ3

作り方

1. ナスは小さめの乱切りにし、耐熱容器に入れ、ごま油を全体に絡める。
2. ふんわりとラップをして、電子レンジで2分30秒加熱する。軽く混ぜて粗熱を取る。
3. 小ねぎは小口切りにする。
4. 冷凍うどんは袋の表示通りに電子レンジで解凍する。氷水(分量外)にさらしてキンキンに冷やし、しっかりと水気を切って器に盛る。
5. 2、3をトッピングし、混ぜ合わせたAを回しかけ、揚げ玉をふる。

スパイシー厚揚げ

材料 1人分

絹厚揚げ…1枚(150g)
片栗粉…大さじ1
油…小さじ2
A [バター…3g
　　カレー粉…小さじ1/4
　　めんつゆ(4倍濃縮)…小さじ1]
塩…適量

作り方

1. 厚揚げを食べやすい大きさに手でちぎってポリ袋に入れ、片栗粉を加えてふり混ぜてまぶす。
2. フライパンに油を熱し、1を入れて3分30秒ほど、転がしながら全面をこんがりするまで焼く。
3. 火を止めてAを加え、手早く全体に絡める。塩で味を調える。

カレー鶏南蛮そばの献立

おそば屋さんの和風カレー味がおうちで作れちゃう！
和えるだけ副菜と合わせて♪

カレー鶏南蛮そば

材料 1人分

長ねぎ…15cm
鶏もも肉…70g
油…小さじ1
水…250cc
A [カレールー…1かけ
　　めんつゆ(4倍濃縮)…大さじ1と1/3]
冷凍そば…1人分

作り方

1 長ねぎはキッチンバサミで斜め薄切りに、鶏肉は1cm角に切る。

2 小鍋に油を熱し、1を入れて2分ほど、転がしながら鶏肉に焼き色がつくまで焼く。

3 水を加えて沸騰させる。一旦火を止め、Aを加えて混ぜ、カレールーを溶かす。

4 再度点火し、ひと煮立ちさせる。

5 そばは袋の表示通りに電子レンジで加熱して解凍する。器に盛り、4をかける。

無限鰹節大根

材料 1人分

大根…4cm(100g)
めんつゆ(4倍濃縮)…大さじ1/2
酢…大さじ1/2
砂糖…小さじ1
鰹節…1袋(2g)

作り方

1 大根は細切りにする。

2 すべての材料をボウルに入れ、混ぜ合わせる。

POINT 水分が出てくるので食べる直前に混ぜる。

豚バラと白菜のあんかけ焼きそばの献立

調味料はめんつゆだけ……なのに美味しい！
カリッカリの焼きそばにとろ〜りあんをかけて♪

豚バラと白菜の あんかけ焼きそば

材料 1人分

- 白菜…1〜2枚(100g)
- 豚バラ薄切り肉…60g
- ごま油…大さじ1と1/2
- 焼きそば麺(蒸し)…1人分
- A
  - 水…100cc
  - めんつゆ(4倍濃縮)…大さじ1と1/3
  - 片栗粉…小さじ2

作り方

1. 白菜は5mm幅に、豚肉は1cm幅に切る。
2. フライパンにごま油大さじ1を熱し、焼きそば麺を片面2分30秒ずつ、カリッとするまで両面焼き、器に盛る。
3. **2**のフライパンにごま油大さじ1/2を熱し、**1**を入れて2分30秒炒める。
4. **A**を混ぜ合わせて**3**に加え、よく混ぜながら40秒ほど加熱する。煮立ってとろみがついたら、**2**にかける。

POINT 片栗粉が沈んでしまうので、加える直前に**A**を混ぜる。

おつまみちくわ

材料 1人分

- ちくわ…1本
- マヨネーズ…適量
- 赤しそふりかけ…適量

作り方

1. ちくわをキッチンバサミで横半分に切り、さらに縦半分に切る。
2. アルミホイルにのせ、マヨネーズを絞り、赤しそふりかけをふり、トースターで5分焼く。

長崎ちゃんぽん風ラーメンの献立

家にある調味料で作れるレンチンちゃんぽん！
豚バラとシーフードの旨みが際立ちます♪

長崎ちゃんぽん風ラーメン

材料 1人分

シーフードミックス(冷凍)…50g
キャベツ…1枚(50g)
豚バラ薄切り肉…30g
A [水…150cc
    鶏ガラスープの素…小さじ2
    オイスターソース…小さじ1]
牛乳…100cc
中華麺(茹で)…150g
ごま油…小さじ2
塩・ブラックペッパー…各適量

作り方

1. シーフードミックスは熱湯をかけて解凍する。
2. 耐熱ボウルにキャベツをちぎって入れ、豚肉をキッチンバサミで食べやすい大きさに切って加える。
3. 1、Aを加え、ふんわりとラップをして電子レンジで5分加熱する。
4. 牛乳と中華麺を加えて軽くほぐし、ふんわりとラップをして再度電子レンジで3分加熱する。
5. ごま油を回し入れ、塩とブラックペッパーで味を調える。

焼きコンソメバターポテト

材料 1人分

じゃがいも…1個
片栗粉…小さじ2
油…大さじ1
A [バター…5g
    顆粒コンソメ…小さじ1/2]
塩…適量

作り方

1. じゃがいもは2cm角に切る。
2. 1を耐熱ボウルに入れ、ふんわりとラップをして電子レンジで3分30秒加熱する。
3. 片栗粉を加えて混ぜ、じゃがいもにまぶす。
4. フライパンに油を熱し、3を入れて4分ほど、転がしながら全面に焼き色がつくまで焼く。
5. 火を止め、Aを加えて全体に絡め、塩で味を調える。

冷やし梅豚そうめんの献立

梅の酸味で食欲増進！
そうめんと豚肉を一緒に茹でて時短で作ります♪

冷やし梅豚そうめん

材料 1人分

梅干し…大2個
A [めんつゆ(4倍濃縮)…大さじ3と1/2
　　水と氷…合わせて220cc]
そうめん…100g
豚こま切れ肉…80g
B [めんつゆ(4倍濃縮)…小さじ1
　　ごま油…大さじ1/2]
大葉…3枚

作り方

1. 梅干しは種を取って叩く。
2. **A**を器に入れ、混ぜ合わせる。
3. 鍋に湯(分量外)を沸かす。そうめんと豚肉を入れ、そうめんの袋の表示通りの時間茹でる。豚肉は水にとって冷まし、そうめんは氷水にさらしてキンキンに冷やす。
4. **3**の豚肉の水気を切ってボウルに入れ、**1**の梅、**B**を加えて混ぜる。
5. **2**に水気をしっかり切ったそうめんを入れ、**4**をのせ、大葉をちぎってトッピングする。

ちくわの磯辺揚げもどき

材料 1人分

ちくわ…2本
揚げ玉…大さじ2
青のり…小さじ1
マヨネーズ…小さじ2
醤油…小さじ1/3

作り方

1. ちくわは食べやすい大きさに切る。
2. ボウルにすべての材料を入れて混ぜる。

CHAPTER

8

ごはん
もの
の献立

やっぱり外せない、ガッツリ食べたいごはんもの！
ルーのいらないハヤシライス、禁断のテリマヨソーセージ丼、
レンジで作れるなんちゃってカツ丼やキンパなど、
手抜きすぎるのに、どれも大満足の美味しさ。
驚くほどあっという間に作れるものばかりですので、
「今すぐ食べたい！」というときに特にオススメです♪

即席ハヤシライスの献立

豚肉と玉ねぎがあったらこれ作って！
市販のルーなしでお手軽に作れます。

即席ハヤシライス

材料 2人分

玉ねぎ…1個
豚こま切れ肉…200g
薄力粉…大さじ1と1/2
油…大さじ1
バター…8g
温かいごはん…茶碗2杯分

A［
水…180cc
ケチャップ…大さじ6
ウスターソース…大さじ4
顆粒コンソメ…小さじ2/3
にんにくチューブ…4cm
］

作り方

1 玉ねぎは薄切りにする。

2 火をつける前のフライパンに豚肉と薄力粉を入れ、菜箸で絡めるように混ぜながらまぶす。

3 油を回しかけて点火する。4分焼いたら豚肉を裏返して**1**の玉ねぎを加え、しんなりするまで5分ほど炒める。

4 **A**を加えて5分ほど、軽くとろみがつくまで混ぜながら煮込む。

5 バターを加えて混ぜ合わせ、器に盛ったごはんにかける。

ガーリックチーズキャベツ

材料 2人分

キャベツ
　…1/8個(150g)
ハーフベーコン…2枚

A［
粉チーズ…大さじ1
鶏ガラスープの素…小さじ1
オリーブオイル…小さじ2
］

ブラックペッパー…少々
にんにくチューブ
　…1〜2cm

作り方

1 キャベツは手でちぎり、耐熱ボウルに入れる。ベーコンはキッチンバサミで6〜7mm幅に切って上にのせる。

2 ふんわりとラップをして電子レンジで3分加熱し、**A**を加えて混ぜ合わせる。

CHAPTER **8** ── ごはんものの献立

テリマヨソーセージ丼の献立

ソーセージ×照り焼き×マヨネーズ！
ごはんが進みすぎる禁断の美味しさ！

テリマヨソーセージ丼

材料 1人分

マヨネーズ…大さじ1
ソーセージ…6本
A [砂糖…大さじ1
　　みりん…大さじ1
　　醤油…大さじ1]
温かいごはん…茶碗1杯分
レタス…1/2枚
焼き海苔(3切)…1枚
B [マヨネーズ…適量
　　小ねぎ(小口切り)…適量
　　ブラックペッパー…適量]

作り方

1. 火をつける前のフライパンにマヨネーズを入れ、ソーセージをキッチンバサミで7mm幅に切って加える。

2. 点火し、4分炒める。Aを加えて1分煮詰める。
   POINT Aを入れる際は、一旦火を止めると焦らずにできる。

3. 器にごはんを盛り、レタス、海苔を順にちぎってのせる。上に2をのせ、Bをトッピングする。

和風ポテサラ

材料 1人分

じゃがいも…1個(150g)
ツナ缶(油漬け)…1/4缶
A [刻みたくあん…20g
　　小ねぎ(小口切り)…1本分
　　マヨネーズ…小さじ2
　　めんつゆ(4倍濃縮)…小さじ1]

作り方

1. じゃがいもは2〜3cm角に切り、耐熱ボウルに入れる。ふんわりとラップをして電子レンジで3分加熱する。
   POINT じゃがいもがかたかったら追加加熱する。

2. 1の粗熱が取れたらツナ缶を油ごと加え、Aを加えて、じゃがいもを軽く潰しながら混ぜる。

レンジベーコンエッグ丼の献立

フライパンいらずのベーコンエッグ！
焼肉のタレ&マヨのこってり味でどうぞ！

レンジベーコンエッグ丼

材料 1人分

ハーフベーコン…4枚
卵…2個
温かいごはん…茶碗1杯分
A [焼肉のタレ…適量
　　マヨネーズ…適量
　　ブラックペッパー…適量]

作り方

1 耐熱皿にベーコンを広げて卵を割り入れる。爪楊枝で黄身に穴を開け、ふんわりとラップをして電子レンジで2分加熱する。

2 器にごはんを盛り、1をのせ、Aをトッピングする。

> **MEMO**
> お好みでからしを添えて
> 召し上がれ♪

鶏むね肉とブロッコリーの やみつきマヨだれ

材料 1人分

ブロッコリー…1/2株(120g)
鶏むね肉…75g
A [塩・ブラックペッパー…各少々
　　片栗粉…大さじ1/2]
ごま油…大さじ1
B [砂糖…大さじ1/2
　　マヨネーズ…大さじ2と1/2
　　鶏ガラスープの素…少々
　　豆板醤…小さじ1/2]

作り方

1 ブロッコリーは小房に分けてラップに包み、電子レンジで1分加熱する。鶏肉は繊維をたつように薄めのそぎ切りにする。

2 火をつける前のフライパンに1の鶏肉とAを入れ、菜箸で絡めるように混ぜながらまぶす。

3 鶏肉を端に寄せ、空いたスペースにブロッコリーを入れる。

4 ごま油を全体に回しかけて点火する。3分30秒焼いたら裏返し、1分30秒焼く。

5 火を止めてBを入れ、手早く混ぜて器に盛る。

CHAPTER 8 ごはんものの献立

キムチチャーハンの献立

焼肉のタレだけで味が決まる！
簡単＆想像以上の美味しさを
お試しください！

キムチチャーハン

材料 2人分

- 小ねぎ…6本
- ごま油…大さじ1
- 豚ひき肉…120g
- 白菜キムチ…120g
- 温かいごはん…茶碗2杯分
- 卵…2個
- 焼肉のタレ…大さじ3
- 塩・ブラックペッパー…適量
- 刻み海苔…少々

作り方

1. 小ねぎは小口切りにする。
2. フライパンにごま油を熱し、ひき肉とキムチを入れて2分炒める。
3. ごはんと卵を加えて手早く混ぜ合わせ、ヘラで切るように全体を混ぜながら3分炒める。
4. 焼肉のタレを加えて2分炒め、1とごま油小さじ2（分量外）を回しかけてサッと混ぜ合わせる。塩とブラックペッパーで味を調えて器に盛り、刻み海苔をのせる。

トマトと卵の中華炒め

材料 2人分

- トマト…1個
- A
  - 卵…2個
  - 鶏ガラスープの素…大さじ1/2
  - オイスターソース…大さじ1
  - ごま油…小さじ2
- 塩…適宜

作り方

1. トマトは8等分のくし形切りにし、さらに半分に切る。
2. 耐熱ボウルにAを入れて混ぜ合わせ、1を加える。
3. ふんわりとラップをして電子レンジで3分加熱して混ぜ、塩で味を調える。

カニカマ天津飯の献立

食べたいときにすぐに作れるとろ〜りふわとろ天津飯。
洗い物が少ないのもうれしい！

カニカマ天津飯

材料 1人分

カニ風味かまぼこ…3本
温かいごはん…茶碗1杯分
油…小さじ2
卵…2個

A
- 水…100cc
- 片栗粉…大さじ1/2
- 砂糖…小さじ1
- 鶏ガラスープの素…小さじ1
- 醤油…小さじ1
- オイスターソース…小さじ1
- ごま油…小さじ1

作り方

1. カニ風味かまぼこは手でさく。ごはんは器に盛る。
2. フライパンに油を熱し、卵を割り入れて**1**のカニ風味かまぼこを加える。手早く混ぜて卵をふわとろにし、**1**のごはんにのせる。
3. 一旦火を止め、フライパンを少し冷ましてから**A**を入れる。点火して1分30秒混ぜながら煮詰め、とろみがついたら**2**にかける。

白菜のカレーシーザーサラダ

材料 1人分

白菜…1〜2枚(100g)
粉チーズ…大さじ1/2
マヨネーズ…大さじ2
砂糖…小さじ1/2
カレー粉…小さじ1/2

作り方

1. 白菜は千切りにする。
2. ボウルにすべての材料を入れて混ぜ合わせる。

CHAPTER 8 ごはんものの献立

サーモンのなめろう丼の献立

ほぼ混ぜるだけなのに、超美味しい！
一瞬で作れる汁物を添えて召し上がれ♪

サーモンのなめろう丼

材料 1人分

サーモン(刺身用)…100g
小ねぎ…3本
A [白いりごま…小さじ2
　　砂糖・味噌・醤油…各小さじ1と1/2
　　ごま油…小さじ2]
温かいごはん…茶碗1杯分
刻み海苔…適量

作り方

1 サーモンは粗みじん切りに、小ねぎは小口切りにする。

2 ボウルにAを入れて混ぜ、1を加えて和える。

3 器にごはんを盛り、2をのせ、刻み海苔をトッピングする。

即席海苔汁

材料 1人分

焼き海苔(3切)…1枚
長ねぎ…2cm
熱湯…180cc
めんつゆ(4倍濃縮)…大さじ2と1/2

作り方

1 海苔は手でちぎり、長ねぎは小口切りにする。

2 すべての材料を器に入れて混ぜ合わせる。

スタミナ豚丼の献立

甘辛にんにくダレでスタミナ満点&こってり絶品！
卵黄を崩せばさらに美味！

スタミナ豚丼

材料 1人分

長ねぎ…1/2本
豚バラ薄切り肉…100g
A [みりん…大さじ1
　　醤油…大さじ1/2
　　鶏ガラスープの素…小さじ1
　　ごま油…小さじ1
　　にんにくチューブ…3cm]
温かいごはん…茶碗1杯分
卵黄…1個
ブラックペッパー…少々

作り方

1. 火をつける前のフライパンに、キッチンバサミで長ねぎは斜め薄切りに、豚肉は3cm幅に切って入れる。
2. 点火して3分30秒ほど、肉がこんがりとして、長ねぎがしんなりするまで炒める。**A**を加えて40秒絡めながら炒める。
3. 器にごはんを盛り、**2**をのせて卵黄とブラックペッパーをトッピングする。

ちくわと大根の青のりマヨサラダ

材料 1人分

大根…3cm(80g)
ちくわ…1本
マヨネーズ…大さじ1
青のり…小さじ1
ごま油…小さじ1/2
鶏ガラスープの素…少々

作り方

1. 大根は細切りに、ちくわは縦半分に切ってから斜め細切りにする。
2. すべての材料をボウルに入れ、混ぜ合わせる。
   POINT 水分が出てくるので食べる直前に和える。

CHAPTER 8 ごはんものの献立

食べたらカツ丼の献立

サクサクの揚げ玉と甘辛つゆで、まさにカツ丼！
レンジで超絶簡単に作れます！

食べたらカツ丼

材料 1人分

玉ねぎ…1/4個
A [豚こま切れ肉…80g
　　砂糖…大さじ1/2
　　水…大さじ3
　　めんつゆ(4倍濃縮)…大さじ1と2/3]
卵…1個
揚げ玉…大さじ7
温かいごはん…茶碗1杯分

作り方

1. 玉ねぎは薄切りにする。
2. 耐熱ボウルに1とAを入れ、ふんわりとラップをして電子レンジで4分加熱する。
3. 2に卵を割り入れて軽く溶きほぐし、再度ふんわりとラップをして電子レンジで50秒加熱する。様子を見ながら10秒ずつ追加で加熱し、卵を好みのかたさにする。
4. 揚げ玉大さじ4を加えて軽く混ぜる。
   POINT 肉がくっついていたら、混ぜながらほぐす。
5. 器にごはんを盛り、4をのせ、揚げ玉大さじ3をかける。

スタミナ冷や奴

材料 1人分

ニラ…3本
A [白菜キムチ…50g
　　砂糖…小さじ2/3
　　醤油…小さじ1
　　ごま油…小さじ1]
絹豆腐…150g

作り方

1. ニラはキッチンバサミで6mm幅に切り、ボウルに入れる。Aを加えて混ぜ合わせる。
2. 豆腐を器に盛り、1をのせる。

食べたらキンパ丼の献立

キンパもレンチンしてのせるだけ！
巻かない手抜きキンパです♪

食べたらキンパ丼

材料 1人分

- A［豚ひき肉…80g
   焼肉のタレ…大さじ2
   コチュジャン…小さじ1/2］
- 温かいごはん…茶碗1杯分
- 刻みたくあん…30g
- 白いりごま…小さじ2
- 焼き海苔(3切)…1枚
- ごま油…小さじ2

作り方

1. 耐熱ボウルにAを入れ、ふんわりとラップをして電子レンジで3分加熱し、ひき肉をほぐしながら混ぜる。
2. 器にごはんを盛り、1をのせ、刻みたくあん、白いりごま、ちぎった海苔をのせ、ごま油を回しかける。

ニラ玉あんかけ

材料 1人分

- A［水…大さじ3
   砂糖…小さじ1
   鶏ガラスープの素…小さじ1/3
   片栗粉…小さじ1/4
   醤油…小さじ1
   酢…小さじ1］
- ごま油…大さじ1/2
- ニラ…1/4束
- 卵…2個
- 塩…少々

作り方

1. Aはボウルに合わせておく。
2. 火をつける前のフライパンにごま油を入れ、ニラをキッチンバサミで1cm幅に切って加える。
3. 点火して、1分30秒〜2分炒める。
4. 卵を割り入れて塩を加え、手早く混ぜてふわとろにする。丸く形を整えて1分弱ほど、底がかたまるまで焼く。裏返して30秒焼き、皿に盛る。
5. 4のフライパンに1をしっかりと混ぜてから入れ、40秒ほど混ぜながら煮詰める。とろみがついたら4にかけ、ごま油少々（分量外）を回しかける。

CHAPTER 8 ごはんものの献立

カルボナーラ丼の献立

バターの香りとコクある卵♪
カルボナーラの味わいを閉じ込めた贅沢ごはん！

カルボナーラ丼

材料 1人分

温かいごはん…茶碗1杯分
A [バター…5g
    にんにくチューブ…2cm]
ハーフベーコン…2枚
B [ピザ用チーズ…20g
    顆粒コンソメ…小さじ2/3
    卵…2個]
ブラックペッパー…適量

作り方

1 ごはんは器に盛る。

2 火をつける前のフライパンにAを入れ、ベーコンをキッチンバサミで5mm幅に切って加える。

3 点火して、弱中火で3分30秒ほど、ベーコンがこんがりするまで焼く。

4 Bを順に入れ、中火にして手早く混ぜ、ふわとろにする。半熟より少し手前で1のごはんにのせ、ブラックペッパーをふる。

POINT 余熱で卵に火が通るので、かたまりすぎないよう早めに盛りつける。

ケチャップコンソメスープ

材料 1人分

玉ねぎ…少々
ハーフベーコン…2枚
水…200cc
ケチャップ…大さじ1と1/2
顆粒コンソメ…小さじ1
砂糖…小さじ1/2
オリーブオイル…小さじ1

作り方

1 玉ねぎは薄切りに、ベーコンは7mm幅に切る。

2 すべての材料を大きめの耐熱容器に入れ、ラップなしで、電子レンジで6分加熱する。

POINT 吹きこぼれないように、大きめの耐熱容器を使用する。

CHAPTER

9

グラタン&
粉もの
の献立

今日はいつもとちょっと違うものを食べたい。
そんなときは、この章をチェック!!
市販のミートソースや明太子ソースを活用して
手軽に作るグラタンやドリア、
フライパンで作るたこ焼きやポリ袋で混ぜて焼くだけのお好み焼き。
レンチンや和えるだけで簡単に作れる副菜と一緒にどうぞ♪

めっちゃ簡単なマカロニグラタンの献立

ラクチンなのに味は本格的！
グラタン作りのハードルがグンと下がります♪

めっちゃ簡単な
マカロニグラタン

材料 2人分

玉ねぎ…1/4個
ハーフベーコン…6枚
マカロニ(3分茹でタイプ)…80g
薄力粉…大さじ3と1/2
A [牛乳…500cc
    顆粒コンソメ…大さじ1]
バター…15g
ブラックペッパー…適量
ピザ用チーズ…50g

作り方

1 玉ねぎはスライサーで薄切りにし、ベーコンはキッチンバサミで8mm幅に切って、大きめの耐熱ボウルに入れる。
   POINT 吹きこぼれないように、大きめの耐熱ボウルを使用する。

2 マカロニ、薄力粉を加え、菜箸で絡めるように混ぜながらまぶし、**A**を加えてよく混ぜる。

3 ふんわりとラップをして電子レンジで7分加熱する。一旦取り出してよく混ぜ、再度ふんわりとラップをして電子レンジで6分加熱する。

4 バターとブラックペッパーを加え、よく混ぜる。

5 耐熱皿を2つ用意し、半量ずつ**4**を入れてチーズをのせ、トースターで7分焼く。

にんじんとカニカマの
カレーマヨサラダ

材料 2人分

にんじん…1本
カニ風味かまぼこ…4本
A [マヨネーズ…大さじ2
    めんつゆ(4倍濃縮)…大さじ1/2
    カレー粉…小さじ1/3]

作り方

1 にんじんは千切りにする。

2 **1**を耐熱ボウルに入れ、ふんわりとラップをして電子レンジで2分加熱する。

3 カニ風味かまぼこをさいて加え、**A**を加えて混ぜ合わせる。

てぬきドリアの献立

ホワイトソース不要！
混ぜて焼くだけで、
簡単すぎるから
いつでも作れちゃう！

てぬきドリア

材料 2人分

温かいごはん
　…茶碗2杯分
バター…10g
ミートソース(パスタ用)…1人分(130g)
ピザ用チーズ…40g

A［顆粒コンソメ…大さじ1
　牛乳…大さじ12
　マヨネーズ…大さじ2］

作り方

1. 耐熱皿を2つ用意し、半量ずつごはんとバターを入れて混ぜ、さらに半量ずつAを加えて混ぜる。
2. 1に半量ずつミートソースとチーズをトッピングし、トースターで10分焼く。

旨塩バターブロッコリー

材料 2人分

ブロッコリー…1/2株(120g)
バター…15g
鶏ガラスープの素…小さじ1/3
塩…適宜

作り方

1. 耐熱ボウルに小房に分けたブロッコリーとバターを入れ、ふんわりとラップをして電子レンジで1分30秒加熱する。
2. 鶏ガラスープの素を入れて混ぜ、塩で味を調える。

とろとろ明太餅チーズグラタンの献立

材料4つだけでとろ〜り
グラタンの完成！
市販のパスタソースで
お店のような贅沢感です♪

とろとろ明太餅チーズグラタン

材料 2人分

切り餅…4個
明太子ソース(パスタ用)…1人分
牛乳…大さじ8
ピザ用チーズ…30g

作り方

1. 耐熱皿を2つ用意し、半量ずつ切り餅を入れ、電子レンジで2分加熱する。
2. 1に半量ずつ明太子ソースと牛乳を加え、軽く混ぜる。
3. 2に半量ずつピザ用チーズをのせ、トースターで10分焼く。

やみつきちくわきゅうり

材料 2人分

きゅうり…1本
ちくわ…2本
大葉…4枚
鰹節…1袋(2g)
マヨネーズ…大さじ2と1/2
白いりごま…小さじ1
ポン酢醤油…小さじ2

作り方

1. きゅうりとちくわは細切りに、大葉は千切りにする。
2. すべての材料をボウルに入れて混ぜ合わせる。

CHAPTER 9 グラタン&粉ものの献立

フライパンたこ焼きの献立

たこ焼き器は使いません！
1個1個コロコロしません！
まとめて焼くだけでまさにたこ焼き♪

フライパンたこ焼き

材料 2人分

小ねぎ…10本
紅しょうが…30g
たこ…100g
A [薄力粉…100g
　　水…360cc
　　卵…2個
　　めんつゆ(4倍濃縮)…大さじ1]
油…大さじ1
B [ソース・マヨネーズ・
　　青のり・鰹節…各適宜]

作り方

1. 小ねぎは小口切りにし、紅しょうが、たこは細かく刻む。
2. ボウルにAを入れ、泡立て器で混ぜる。
3. フライパンに油大さじ1/2を熱し、2の半量を流し入れ、1の半量を全体にまんべんなく入れる。
4. ふたをして、弱中火にして4分焼く。ふたを取り、フライ返しで半分に折る。そのままふたをせずに、片面1分ずつ両面焼く。
5. 皿に盛り、Bをトッピングする。同様にもう1枚も焼く。

POINT 量が多いので、半量ずつ2回に分けて焼く。

めんつゆ塩昆布ポテト

材料 2人分

じゃがいも…2個
片栗粉…小さじ4
油…大さじ2
塩昆布…大さじ2
めんつゆ(4倍濃縮)…大さじ1と1/3
塩…適量

作り方

1. じゃがいもは2cm角に切る。
2. 耐熱ボウルに入れ、ふんわりとラップをして電子レンジで6分加熱する。
3. 2に片栗粉を加え、菜箸で絡めるように混ぜながらまぶす。
4. フライパンに油を熱し、3を転がしながら4分ほど、全面に焼き色がつくまで焼く。
5. 火を止め、塩昆布とめんつゆを加えてサッと絡め、塩で味を調える。

ふわふわお好み焼きの献立

豆腐と卵でお好み焼き♪
粉なしだから、ヘルシーでコスパも抜群です！

ふわふわお好み焼き

材料 2人分

- A [絹豆腐…300g
     卵…4個]
- 小ねぎ…6本
- B [ピザ用チーズ…80g
     鰹節…2袋(4g)
     めんつゆ(4倍濃縮)…小さじ4]
- ごま油…小さじ2
- 豚バラ薄切り肉…100g
- C [お好み焼きソース・
     マヨネーズ…各適宜]

作り方

1. ポリ袋にAを入れて揉み混ぜる。
2. 小ねぎをキッチンバサミで小口切りにして加え、Bも加えてさらに揉み混ぜる。
3. フライパンにごま油小さじ1を熱し、豚肉の半量を半分にちぎって並べ、2の半量を流し入れる。形を丸く整え、ふたをして弱中火にして10分焼く。
4. 皿を被せて裏返して盛り、Cをトッピングする。同様にもう1枚も焼く。

MEMO
ふわふわで崩れやすいので、片面だけ焼いて、お皿を被せて盛りつけます。

ピリ旨ツナきゅうり

材料 2人分

- きゅうり…1本
- 塩…少々
- ツナ缶(油漬け)…1/2缶
- 塩昆布…大さじ1
- 鶏ガラスープの素…小さじ1/4
- ごま油…小さじ1
- ラー油…5滴ほど

作り方

1. きゅうりはスライサーで薄切りにしてボウルに入れ、塩をまぶして10分おく。しっかりと水気を絞り、ボウルに戻す。
2. ボウルにツナ缶を油ごと入れ、残りのすべての材料を加えて混ぜ合わせる。

CHAPTER 9 グラタン&粉ものの献立

COLUMN 食パンの献立

ナポリタントーストの献立

ナポリタン味は食パンにもぴったり！半熟に仕上げた卵を絡めれば絶品♪

ナポリタントースト

材料 1人分

- 玉ねぎ…1/8個
- ピーマン…1/2個
- ソーセージ…1本
- ケチャップ…大さじ1強
- バター…5g
- 食パン…1枚
- 卵…1個
- 粉チーズ…大さじ1
- ブラックペッパー…適宜

作り方

1. 玉ねぎは薄切りに、ピーマンは3mm幅の輪切りに、ソーセージは斜め薄切りにする。
2. 1とケチャップ、バターを耐熱容器に入れ、ふんわりとラップをして電子レンジで1分加熱する。
3. 2を食パンにのせ、真ん中に隙間をあけて卵を割り入れ、粉チーズをトッピングする。
4. トースターで8分ほど焼き、好みでブラックペッパーをふる。

POINT 卵をかためにしたい場合は、追加加熱する。

コク旨クリームチーズスープ

材料 1人分

- オリーブオイル…小さじ1
- ハーフベーコン…2枚
- えのき…30g
- A [牛乳…150cc
  水…100cc
  クリームチーズ（「キリ クリームチーズ」を使用）…2個（約32g）
  顆粒コンソメ…小さじ1]
- 塩・ブラックペッパー…各適量

作り方

1. 小鍋にオリーブオイルを熱し、キッチンバサミでベーコンは8mm幅に、えのきは1cm幅に切って入れ、2分炒める。
2. えのきがしんなりとしたら、Aを加えてクリームチーズを溶かすように混ぜながら、煮立たせないように1分30秒ほど温める。
   POINT 沸騰させないように注意！
3. 塩で味を調えて器に盛り、オリーブオイル小さじ1/2（分量外）を回しかけ、ブラックペッパーをふる。

のせて焼くだけ食パンレシピ！　どれも軽めのメニューなので、
朝ごはんやランチ、サッと食べたいときにお試しください♪

キャベたまチーズトーストの献立

レンチンしたキャベツは甘みましまし！
何回食べても飽きない、
間違いのない美味しさ！

キャベたまチーズトースト

材料 1人分

キャベツ…小1枚（40g）
ハーフベーコン…2枚
マヨネーズ…大さじ1
食パン…1枚
卵…1個
ピザ用チーズ…20g
ハーブソルト（塩でも可）…少々
ブラックペッパー…少々

作り方

1. キャベツは千切りに、ベーコンは細切りにする。
2. 1を耐熱ボウルに入れ、ふんわりとラップをして電子レンジで1分加熱し、マヨネーズを加えて和える。
3. 食パンに2をのせ、真ん中に隙間をあけて卵を割り入れ、ピザ用チーズを全体にのせる。
4. トースターで8分焼き、ハーブソルトとブラックペッパーをトッピングする。

トマトとカマンベールの
オイルマリネ

材料 1人分

トマト…1/2個
カマンベールチーズ…20g
A ┌ 砂糖…大さじ2/3
　├ 酢…大さじ2/3
　├ オリーブオイル…大さじ1/2
　├ 塩…小さじ1/6
　└ ブラックペッパー…適量

作り方

1. トマトは4等分のくし形切りにし、さらに半分に切る。カマンベールチーズは食べやすい大きさに切る。
2. ボウルに1とAを入れ、全体に絡むように混ぜ合わせたら、冷蔵庫で15分冷やす。

COLUMN　食パンの献立

COLUMN **食パン**の献立

ぷりぷりエビパンの献立

エビの食感がクセになる！
マヨソースはオイスターを入れるのがポイント！

ぷりぷりエビパン

材料 1人分

玉ねぎ…少々
エビ（冷凍）…60g
A [マヨネーズ…大さじ1
オイスターソース…小さじ1/2
にんにくチューブ…2cm
ブラックペッパー…少々]
食パン…1枚
ピザ用チーズ…20g

作り方

1. 玉ねぎはみじん切りにする。エビは熱湯をかけて解凍し、粗みじん切りにする。
2. ボウルに**1**と**A**を入れて混ぜる。
3. 食パンに**2**、チーズをのせて、トースターで8分焼く。

カレーキャロットラペ

材料 1人分

にんじん…1/2本
砂糖…大さじ1/2
酢…大さじ1
オリーブオイル…大さじ1/2
カレー粉…小さじ1/2
塩…小さじ1/6

作り方

1. にんじんは千切りにする。
2. **1**を耐熱ボウルに入れ、ふんわりとラップをして電子レンジで1分加熱する。
3. 残りのすべての材料をボウルに加えて混ぜ合わせる。

納豆チーズトーストの献立

驚きの相性！
チーズとケチャップのおかげで、
納豆がトーストに
ぴったりの味わいに！

納豆チーズトースト

材料 1人分

- 納豆（付属のタレなし）…1個
- 食パン…1枚
- ケチャップ…適量
- マヨネーズ…適量
- ピザ用チーズ…20g

作り方

1. 納豆を混ぜ、食パンにのせる。
2. ケチャップとマヨネーズを全体にかけ、チーズをのせてトースターで7分ほど焼く。

無限揚げ玉キャベツ

材料 1人分

- キャベツ…2枚（100g）
- 揚げ玉…大さじ4
- マヨネーズ…大さじ1
- お好み焼きソース…大さじ1
- 青のり…小さじ1
- 鰹節…1袋（2g）

作り方

1. キャベツは千切りにする。
2. すべての材料をボウルに入れて混ぜ合わせる。

鯖缶和風マヨトーストの献立

鯖の旨みとわさびの風味が
ベストマッチ！
食べ応え満点の和トースト！

鯖缶和風マヨトースト

材料 1人分

- 食パン…1枚
- バター…5g
- A
  - 鯖水煮缶（汁気を切る）…50g
  - 玉ねぎ（みじん切り）…1/8個分
  - マヨネーズ…大さじ1と1/2
  - めんつゆ（4倍濃縮）…小さじ1
  - わさび…5cm

作り方

1. ボウルにAを入れて混ぜ合わせる。
2. 食パンをトースターで3分焼き、バターを塗って1をのせる。

さつまいものツナサラダ

材料 1人分

- さつまいも…75g
- A 玉ねぎ（みじん切り）…大さじ1
- ツナ缶（油漬け）…1/4缶
- マヨネーズ…大さじ1
- 塩・ブラックペッパー…各少々

作り方

1. さつまいもは1cm角に切って耐熱ボウルに入れ、水をひたひたに加える。ふんわりとラップをして電子レンジで5分加熱し、水を切る。
2. さつまいもの粗熱が取れたら1にツナ缶を油ごとと、Aを加えて、さつまいもを軽く潰しながら混ぜる。

COLUMN 食パンの献立

125

食材別INDEX

肉・肉加工品

●合いびき肉
ジューシー！レンジハンバーグ …52
すき焼き風肉豆腐 …58
ひき肉ステーキ …60

●ソーセージ
ヤンニョムソーセージエッグ …62
ミートソースで！トマトチーズ鍋 …64
コーンソーセージ炊き込みごはん …66
カレーミルクスープ …73
ソーセージのペペロンチーノ …91
テリマヨソーセージ丼 …108
ナポリタントースト …122

●鶏ささみ
たらマヨチキン …14

●鶏手羽中
甘辛にんにくチキン …25

●鶏手羽元
バーベキューチキン …19

●鶏ひき肉
カレーチーズつくね …61
チキンナゲット …73

●鶏むね肉
とろ～りピザチキン …10
鶏むね肉のねぎマヨポン …13
鶏むね肉の大葉バター照り焼き …15
レンジねぎ塩蒸し鶏 …22
鶏むね肉のチーズカツレツ …69
のり塩スティックチキン …69
揚げ玉とり天 …76
鶏むね肉とブロッコリーの
やみつきマヨだれ …109

●鶏もも肉
カリカリチキンの玉ねぎソース …8
オーロラタルタル照り焼きチキン …12
鶏肉のチリソース …16
チーズダッカルビ …17
鶏肉とレタスのやみつき旨塩炒め …20
串なし焼き鳥 …21
とろとろナスと鶏肉の甘酢炒め …24
にんにくハニーバター醤油チキン …26
トマトクリームシチュー …27
レンジラタトゥイユ …28
チキンとかぼちゃのクリーム煮 …29
もつ鍋風鶏鍋 …30
鶏肉のあんかけ卵うどん …96
カレー鶏南蛮そば …101

●ハーフベーコン
和風ジャーマンポテト …20
ベーコンチーズスクランブルエッグ …28
白菜シーザーサラダ …29
きんぴらピーマン …39
すりおろさない大根餅 …54
コンソメスープ …60
ピザ春巻き …72
白菜とベーコンのスープ …72
丸ごとトマトチーズリゾット …74
レモンクリームパスタ …86
ナスとベーコンのケチャバタパスタ …87
ケチャップカルボナ …90
レタスナッツサラダ …90
ベーコンときのこのカレースープ …92
ベーコン大葉チーズ油揚げ …93
オクラとベーコンのやみつき炒め …94
ガーリックチーズキャベツ …106
レンジベーコンエッグ丼 …109
カルボナーラ丼 …116
ケチャップコンソメスープ …116
めっちゃ簡単なマカロニグラタン …118
コク旨クリームチーズスープ …122
キャベたまチーズトースト …123

●ハム
もやしとハムの中華ナムル …16
ゆかりマカロニサラダ …42
無限！白菜のハムサラダ …70

●豚こま切れ肉
豚こまトンテキ …34
豚こま肉のカシューナッツ炒め …37
豚こま肉のマリネ …40
カリカリ豚こまチーズ …41
豚こまステーキ …42
塩昆布豚こまキャベツ …44
豚こまでチャーシュー風 …48
豚こまタルタル南蛮 …49
オイごま油の豚こま唐揚げ …68
冷やし梅豚そうめん …104
即席ハヤシライス …106
食べたらカツ丼 …114

●豚肉（しょうが焼き用）
豚肉のケチャップしょうが焼き …35

●豚バラ薄切り肉
小ねぎの豚バラ巻き …32
豚ニラ玉豆腐 …36

オイマヨ豚バラ大根 …38
ごま油香る豚バラ白菜 …39
玉ねぎの豚すき …45
にんにく油鍋 …46
クリーミー豆乳鍋 …47
甘辛やみつき豚バラえのき …50
豚バラじゃがいもの甘辛炒め …88
豚ニラスタミナパスタ …93
豚バラねぎの甘辛つけうどん …97
オクラの豚バラ巻き …98
オイ醤油焼きうどん …99
豚バラと白菜のあんかけ焼きそば …99
長崎ちゃんぽん風ラーメン …103
スタミナ豚丼 …113
ふわふわお好み焼き …121

●豚ひき肉
キムチ麻婆豆腐 …54
包まない白菜シューマイ …55
ラクチン油揚げ餃子 …56
世界一簡単な麻婆ナス …57
豚ひき白菜の旨煮 …59
かぼちゃのそぼろあん …63
レンジ麻婆春雨 …70
担々風餃子豆腐 …82
キムチチャーハン …110
食べたらキンパ丼 …115

●豚ロース薄切り肉
ミルフィーユトンカツ …78

魚介・魚介加工品

●いわし
いわしの梅煮 …83

●エビ（冷凍）
エビはんぺん春巻き …70
ぷりぷりエビパン …124

●カニ風味かまぼこ
えのきとカニカマの旨和え …8
やみつきカニカマ大根 …13
アボカドとカニカマのクリームマヨサラダ …35
カニマヨチーズ厚揚げ …50
きゅうりとカニカマの酢の物 …56
オイマヨカニカマもやし …57
カニカマからしマヨキャベツ …89
レンジカニカマ卵焼き …80
カニカマもやしのからしマヨ …83
カニカマ天津飯 …118
にんじんとカニカマのカレーマヨサラダ …118

●サーモン（刺身用）
サーモンのなめろう丼 …112

●刺身
甘辛やみつき漬け …81

●シーフードミックス（冷凍）
長崎ちゃんぽん風ラーメン …103

●たこ
フライパンたこ焼き …120

●タラ
タラのねぎポン酢 …82

●たらこ
たらマヨチキン …14
たらこクリームうどん …98

●ちくわ
甘辛チーズちくわ …34
旨ねぎちくわ …39
エビマヨちくわチーズ …48
ちくわの醤油マヨ炒め …56
梅マヨちくわ …59
オイマヨちくわもやし炒め …76
丸ごとちくわパン粉焼き …81
無限ちくわキャベツ …89
白菜のごま油ナムル …99
おつまみちくわ …102
ちくわの磯辺揚げもどき …102
ちくわと大根の青のりマヨサラダ …113
やみつきちくわきゅうり …119

●生鮭
鮭のやみつき炊き込みごはん …44
鮭のホイル焼き バターポン酢味 …80
鮭と玉ねぎのマヨチー焼き …84

●はんぺん
ニラはんぺん焼き …40
味噌マヨチーズはんぺん …49
エビはんぺん春巻き …70
ツナはんぺんナゲット …74

●明太子
和風明太子パスタ …94

野菜・きのこ

●アボカド
アボカドとカニカマのクリームマヨサラダ …35
アボカドキムチ豆腐 …84

●枝豆（冷凍）
枝豆と塩昆布の混ぜごはん …14

●えのき
えのきとカニカマの旨和え …8
えのきバター …24
えのきの旨キムチ和え …41
甘辛やみつき豚バラえのき …50
えのきの丸ごと唐揚げ …57
やみつきニラえのき …68
梅なめたけ …78
コク旨クリームチーズスープ …122

●エリンギ
きのこのガーリックコンソメマリネ …10

●大葉
鶏むね肉の大葉バター照り焼き …15
カリカリ豚こまチーズ …41
きゅうりと大葉のさっぱり和え …48
塩昆布大葉大根漬け …49
薬味きゅうり漬け …63
ベーコン大葉チーズ油揚げ …93
和風明太子パスタ …94
冷やし梅豚そうめん …104
やみつきちくわきゅうり …119

●オクラ
オクラとベーコンのやみつき炒め …94
やみつき旨塩オクラ …96
オクラの豚バラ巻き …98

●かぼちゃ
かぼちゃのほぼデザートサラダ …19
チキンとかぼちゃのクリーム煮 …29
かぼちゃのそぼろあん …63
レンジかぼちゃスープ …66

●キャベツ
ツナとキャベツのマスタードマヨサラダ …10
もつ鍋風鶏鍋 …30
無限塩だれキャベツ …34
おつまみわかめキャベツ …42
塩昆布豚こまキャベツ …44
旨塩レモンキャベツ …52
キャベツ納豆サラダ …58
ミートソースで！トマトチーズ鍋 …64
カニカマからしマヨキャベツ …89
無限ちくわキャベツ …89
長崎ちゃんぽん風ラーメン …103
ガーリックチーズキャベツ …106
キャベたまチーズトースト …123
無限揚げ玉キャベツ …125

●きゅうり
きゅうりと豆腐の梅サラダ …14
豆腐のユッケ …21
叩き梅きゅうり …32
きゅうりの即席しょうがめんつゆ漬け …38
豚こま肉のマリネ …40
ゆかりマカロニサラダ …42
きゅうりと大葉のさっぱり和え …48
居酒屋さんのやみつきキュウリ …54
きゅうりとカニカマの酢の物 …56
薬味きゅうり漬け …63
イタリアン漬けきゅうり …64
きゅうりのにんにく味噌漬け …82
やみつきちくわきゅうり …119
ピリ旨ツナきゅうり …121

●小ねぎ
鶏むね肉のねぎマヨポン …13
揚げ出し風温泉卵 …25
小ねぎの豚バラ巻き …32
やみつき特製だれ豆腐 …37
厚揚げお好み焼き …44
レンジカニカマ卵焼き …80
タラのねぎポン酢 …82
たらこクリームうどん …98
レンジ揚げナスのぶっかけうどん …100
テリマヨソーセージ丼 …108
和風ポテサラ …108
キムチチャーハン …110
サーモンのなめろう丼 …112
フライパンたこ焼き …120
ふわふわお好み焼き …121

●ごぼう
ごぼうのザクザク揚げ …83

●さつまいも
さつまいも塩バターごはん …21
さつまいもの甘辛バター …46
さつまいものツナサラダ …125

●しいたけ
しいたけのマヨチーズ焼き …68

●しめじ
きのこのガーリックコンソメマリネ …10
きのこのかき玉スープ …62
鮭のホイル焼き バターポン酢味 …80
ベーコンときのこのカレースープ …92

●じゃがいも
和風ジャーマンポテト …20
トマトクリームシチュー …27
じゃがバターごはん …61
レンジでツナじゃが …62
豚バラとじゃがいもの甘辛炒め …88

焼きコンソメバターポテト …103
和風ポテサラ …108
めんつゆ塩昆布ポテト …120

●新玉ねぎ
新玉ねぎの超速サラダ …30

●ズッキーニ
粉チーズズッキーニ …73

●大根
やみつきカニカマ大根 …13
漬けわさび大根 …37
オイマヨ豚バラ大根 …38
無限ゆかり大根 …41
豚こまステーキ …42
塩昆布大葉大根漬け …49
すりおろさない大根餅 …54
ツナ大根 …69
おろしマヨ厚揚げ …97
無限鰹節大根 …101
ちくわと大根の青のりマヨサラダ …113

●玉ねぎ
カリカリチキンの玉ねぎソース …8
和風ジャーマンポテト …20
トマトクリームシチュー …27
レンジラタトゥイユ …28
チキンとかぼちゃのクリーム煮 …29
おつまみゆで卵 …32
豚こまステーキ …34
豚肉のケチャップしょうが焼き …35
豚こま肉のカシューナッツ炒め …37
豚こま肉のマリネ …40
玉ねぎの豚すき …45
カニマヨチーズ厚揚げ …50
コンソメスープ …60
レンジでツナじゃが …62
ミートソースで！トマトチーズ鍋 …64
レンジかぼちゃスープ …66
ピザ春巻き …72
カレーミルクスープ …73
鮭のホイル焼き バターポン酢味 …80
鮭と玉ねぎのマヨチー焼き …84
ベーコンときのこのカレースープ …92
即席ハヤシライス …106
食べたらカツ丼 …114
ケチャップコンソメスープ …116
めっちゃ簡単なマカロニグラタン …118
ナポリタントースト …122
ぷりぷりエビパン …124
鯖缶和風マヨトースト …125
さつまいものツナサラダ …125

●トマト
トマトキムチナムル …18
レンジラタトゥイユ …28
塩昆布トマト …35
丸ごとトマトチーズリゾット …74
ツナとトマトの冷製塩昆布パスタ …88
トマトと卵の中華炒め …110
トマトとカマンベールのオイルマリネ …123

●長芋
長芋のわさび和え …45

●長ねぎ
とろとろ漬けねぎ …12
やみつき卵 …21
鶏肉のチリソース …16
串なし焼き鳥 …21
豆腐のユッケ …21
レンジねぎ塩蒸し鶏 …22
韓国湯わかめスープ …36
即席湯豆腐 …38
旨ねぎちくわ …39
にんにく油鍋 …46
豚こまでチャーシュー風 …48
白菜チョレギサラダ …50
すき焼き風肉豆腐 …58
レンジ麻婆春雨 …70
おつまみたくあん …80
豚バラねぎの甘辛つけうどん …97
カレー鶏南蛮そば …101
即席海苔汁 …112
スタミナ豚丼 …113

●ナス
とろとろナスと鶏肉の甘酢炒め …24
ナスの揚げ浸し風 …26
レンジラタトゥイユ …28
世界一簡単な麻婆ナス …57
ナスのケチャップチーズ焼き風 …61
ナスとベーコンのケチャバタパスタ …87
ナスの粉チーズまみれ …91
レンジ揚げナスのぶっかけうどん …100

●ニラ
もつ鍋風鶏鍋 …30
豚ニラ玉豆腐 …36
ニラはんぺん焼き …40
旨辛やみつきニラ …55
ラクチン油揚げ餃子 …56
やみつきニラえのき …68

豚ニラスタミナパスタ ……… 93
スタミナ冷や奴 ……………… 114
ニラ玉あんかけ ……………… 115
● にんじん
にんじんのごま和え …………… 15
レンジでひじきの煮物 ………… 16
無限マヨにんじん ……………… 24
にんじんチーズガレット ……… 47
フライドにんじん ……………… 52
にんじんとコーンのグラッセ … 60
にんじんとカニカマのカレーマヨサラダ … 118
カレーキャロットラペ ………… 124
● 白菜
白菜のごま和え ………………… 25
白菜シーザーサラダ …………… 29
ごま油香る豚バラ白菜 ………… 39
クリーミー豆乳鍋 ……………… 47
白菜チョレギサラダ …………… 50
包まない白菜シューマイ ……… 55
豚ひき白菜の旨煮 ……………… 59
無限！白菜のハムサラダ ……… 70
白菜とベーコンのスープ ……… 72
白菜の塩昆布マヨサラダ ……… 74
白菜のごま油和え ……………… 99
豚バラと白菜のあんかけ焼きそば … 102
白菜のカレーシーザーサラダ … 111
● ピーマン
ピーマンの揚げ浸し風 ………… 22
きんぴらピーマン ……………… 39
塩昆布クリチピーマン ………… 59
味噌ピーマン …………………… 76
ピーマンの塩昆布佃煮 ………… 84
ピーマンピザ …………………… 86
ナポリタントースト …………… 122
● ブロッコリー
ブロッコリーのごま油ナムル …… 8
無限ブロッコリー ……………… 19
ブロッコリーと卵のデリサラダ … 27
ブロッコリーのツナマヨカレー … 72
ブロッコリーのクリチ和え …… 87
鶏むね肉とブロッコリーの
　やみつきマヨだれ …………… 109
旨塩バターブロッコリー ……… 119
● 舞茸
レモンクリームパスタ ………… 86
● みょうが
薬味きゅうり漬け ……………… 63
● もやし
もやしとハムの中華ナムル …… 16
もやしのサッパリ梅ナムル …… 26
ピリ辛もやしナムル …………… 36
にんにく油鍋 …………………… 46
オイマヨカニカマもやし ……… 57
もやしチャンプルー …………… 63
オイマヨちくわもやし炒め …… 76
カニカマもやしのからしマヨ … 83
オイ醤油焼きうどん …………… 99
● レタス
鶏肉とレタスのやみつき旨塩炒め … 20
レタスナッツサラダ …………… 90
テリマヨソーセージ丼 ………… 108
● れんこん
ツナマヨれんこん ……………… 45
れんこんステーキ ……………… 58

卵
● 卵
オーロラタルタル照り焼きチキン … 12
やみつき卵 ……………………… 15
卵の中華スープ ………………… 18
揚げ出し風温泉卵 ……………… 25
ブロッコリーと卵のデリサラダ … 27
ベーコンチーズスクランブルエッグ … 28
白菜シーザーサラダ …………… 29
おつまみゆで卵 ………………… 32
豚ニラ玉豆腐 …………………… 36
豚こまタルタル南蛮 …………… 49
ジューシー！レンジハンバーグ … 52
ラクチン油揚げ餃子 …………… 56
ヤンニョムソーセージエッグ … 62
きのこのかき玉スープ ………… 62
もやしチャンプルー …………… 63
ツナはんぺんナゲット ………… 74
オイマヨちくわもやし炒め …… 76
レンジカニカマ卵焼き ………… 80
ケチャップカルボ ……………… 90
和風カルボナーラ ……………… 92
鶏肉のあんかけ卵うどん ……… 96
レンジベーコンエッグ丼 ……… 109
キムチチャーハン ……………… 110
トマトと卵の中華炒め ………… 110
カニカマ天津飯 ………………… 111
食べたらカツ丼 ………………… 114
ニラ玉あんかけ ………………… 115
カルボナーラ丼 ………………… 116

フライパンたこ焼き …………… 120
ふわふわお好み焼き …………… 121
ナポリタントースト …………… 122
キャベたまチーズトースト …… 123
● 卵黄
豆腐のユッケ …………………… 21
即席湯豆腐 ……………………… 38
甘辛やみつき漬け ……………… 81
スタミナ豚丼 …………………… 113

乳製品
● カマンベールチーズ
トマトとカマンベールのオイルマリネ … 123
● 牛乳
トマトクリームシチュー ……… 27
チキンとかぼちゃのクリーム煮 … 29
白菜シーザーサラダ …………… 29
レンジかぼちゃスープ ………… 66
白菜とベーコンのスープ ……… 72
カレーミルクスープ …………… 73
レモンクリームパスタ ………… 86
たらこクリームうどん ………… 98
長崎ちゃんぽん風ラーメン …… 103
めっちゃ簡単なマカロニグラタン … 118
てぬきドリア …………………… 119
とろとろ明太餅チーズグラタン … 119
コク旨クリームチーズスープ … 122
● クリームチーズ
かぼちゃのほぼデザートサラダ … 19
アボカドとカニカマのクリームマヨサラダ … 35
塩昆布クリチピーマン ………… 59
ブロッコリーのクリチ和え …… 87
たらこクリームうどん ………… 98
コク旨クリームチーズスープ … 122
● 粉チーズ
白菜シーザーサラダ …………… 29
鶏むね肉のチーズカツレツ …… 66
粉チーズズッキーニ …………… 73
レモンクリームパスタ ………… 86
ナスとベーコンのケチャパタパスタ … 87
ケチャップカルボ ……………… 90
ナスの粉チーズまみれ ………… 91
和風カルボナーラ ……………… 92
ガーリックチーズキャベツ …… 99
白菜のカレーシーザーサラダ … 111
ナポリタントースト …………… 122
● ピザ用チーズ
とろ〜りピザチキン …………… 10
チーズダッカルビ ……………… 18
ベーコンチーズスクランブルエッグ … 28
ニラはんぺん焼き ……………… 40
カリカリ豚こまチーズ ………… 41
にんじんチーズガレット ……… 47
味噌マヨチーズはんぺん ……… 49
カニマヨチーズ厚揚げ ………… 50
ジューシー！レンジハンバーグ … 52
カレーチーズつくね …………… 61
ナスのケチャップチーズ焼き風 … 61
ミートソースで！トマトチーズ鍋 … 64
しいたけのマヨチーズ焼き …… 68
エビはんぺん春巻き …………… 70
ピザ春巻き ……………………… 72
丸ごとトマトチーズリゾット … 74
丸ごとちくわパン粉焼き ……… 81
鮭と玉ねぎのマヨチー焼き …… 84
ピーマンピザ …………………… 86
ベーコンときのこのカレースープ … 92
ベーコン大葉チーズ油揚げ …… 93
カルボナーラ丼 ………………… 116
めっちゃ簡単なマカロニグラタン … 118
てぬきドリア …………………… 119
とろとろ明太餅チーズグラタン … 119
ふわふわお好み焼き …………… 121
キャベたまチーズトースト …… 123
ぷりぷりエビパン ……………… 124
納豆チーズトースト …………… 125
● ベビーチーズ
甘辛チーズちくわ ……………… 34

大豆加工品
● 油揚げ
レンジでひじきの煮物 ………… 16
油揚げの塩昆布炊き込みごはん … 40
ラクチン油揚げ餃子 …………… 56
ベーコン大葉チーズ油揚げ …… 93
● 絹厚揚げ
ヤンニョム厚揚げ ……………… 22
厚揚げお好み焼き ……………… 44
カニマヨチーズ厚揚げ ………… 50
のり塩厚揚げ …………………… 55
もやしチャンプルー …………… 63
おろしマヨ厚揚げ ……………… 77
スパイシー厚揚げ ……………… 100
● 絹豆腐
塩昆布冷や奴 …………………… 13

豆腐のユッケ …………………… 21
やみつき特製だれ豆腐 ………… 37
即席湯豆腐 ……………………… 38
塩昆布豆腐スープ ……………… 81
スタミナ冷や奴 ………………… 114
ふわふわお好み焼き …………… 121
● 豆乳
クリーミー豆乳鍋 ……………… 47
● 納豆
キャベツ納豆サラダ …………… 58
納豆チーズトースト …………… 125
● 木綿豆腐
てぬき白和え …………………… 12
きゅうりと豆腐の梅サラダ …… 14
豚ニラ玉豆腐 …………………… 36
キムチ麻婆豆腐 ………………… 54
すき焼き風肉豆腐 ……………… 58
カレーチーズつくね …………… 61
チキンナゲット ………………… 73
担々風肉豆腐 …………………… 82
アボカドキムチ豆腐 …………… 84

缶詰
● コーン缶
にんじんとコーンのグラッセ … 60
コーンソーセージ炊き込みごはん … 66
● 鯖水煮缶
鯖缶和風マヨトースト ………… 125
● ツナ缶（油漬け）
ツナとキャベツのマスタードマヨサラダ … 10
切り干し大根のマヨポンサラダ … 20
ツナマヨれんこん ……………… 45
レンジでツナじゃが …………… 62
ツナ大根 ………………………… 69
ブロッコリーのツナマヨカレー … 72
ツナはんぺんナゲット ………… 74
ツナとトマトの冷製塩昆布パスタ … 88
和風ポテサラ …………………… 108
ピリ旨ツナきゅうり …………… 121
さつまいものツナサラダ ……… 125

ごはん・パン・麺・パスタ
● 温かいごはん
枝豆と塩昆布の混ぜごはん …… 14
丸ごとトマトチーズリゾット … 74
即席ハヤシライス ……………… 106
テリマヨソーセージ丼 ………… 108
レンジベーコンエッグ丼 ……… 109
キムチチャーハン ……………… 110
カニカマ天津飯 ………………… 111
サーモンのなめろう丼 ………… 112
スタミナ豚丼 …………………… 113
食べたらカツ丼 ………………… 114
食べたらキンパ丼 ……………… 115
カルボナーラ丼 ………………… 116
てぬきドリア …………………… 119
● 切り餅
とろとろ明太餅チーズグラタン … 119
● 米
さつまいも塩バターごはん …… 21
油揚げの塩昆布炊き込みごはん … 40
鮭のやみつき炊き込みごはん … 44
じゃがバターごはん …………… 61
コーンソーセージ炊き込みごはん … 66
● 食パン
ナポリタントースト …………… 122
キャベたまチーズトースト …… 123
ぷりぷりエビパン ……………… 124
納豆チーズトースト …………… 125
鯖缶和風マヨトースト ………… 125
● スパゲティ（5分茹でタイプ）
レモンクリームパスタ ………… 86
ナスとベーコンのケチャパタパスタ … 87
ツナとトマトの冷製塩昆布パスタ … 88
焼き海苔だけパスタ …………… 89
ケチャップカルボ ……………… 90
ソーセージのバターペペロンチーノ … 91
和風カルボナーラ ……………… 92
豚ニラスタミナパスタ ………… 93
和風明太子パスタ ……………… 94
● そうめん
冷やし梅豚そうめん …………… 104
● 中華麺（茹で）
長崎ちゃんぽん風ラーメン …… 103
● マカロニ（3分茹でタイプ）
ゆかりマカロニサラダ ………… 42
めっちゃ簡単なマカロニグラタン … 118
● 焼きそば麺（蒸し）
豚バラと白菜のあんかけ焼きそば … 102
● 冷凍うどん
鶏肉のあんかけ卵うどん ……… 96

豚バラねぎの甘辛つけうどん … 97
たらこクリームうどん ………… 98
オイ醤油焼きうどん …………… 99
レンジ揚げげナスのぶっかけうどん … 100
● 冷凍そば
カレー鶏南蛮そば ……………… 101

その他
● 青のり
厚揚げお好み焼き ……………… 44
のり塩厚揚げ …………………… 55
のり塩スティックチキン ……… 69
丸ごとちくわパン粉焼き ……… 81
ちくわの磯辺揚げもどき ……… 104
ちくわと大根の青のりマヨサラダ … 113
フライパンたこ焼き …………… 120
無限揚げ玉キャベツ …………… 125
● 赤しそふりかけ
無限ゆかり大根 ………………… 41
ゆかりマカロニサラダ ………… 42
無限ちくわキャベツ …………… 89
おつまみちくわ ………………… 102
● 揚げ玉
揚げ出し風温泉卵 ……………… 25
揚げ玉ととり天 ………………… 76
レンジ揚げナスのぶっかけうどん … 100
ちくわの磯辺揚げもどき ……… 104
食べたらカツ丼 ………………… 114
無限揚げ玉キャベツ …………… 125
● 梅干し
きゅうりと豆腐の梅サラダ …… 14
もやしのサッパリ梅ナムル …… 26
叩き梅きゅうり ………………… 32
梅マヨちくわ …………………… 59
梅なめたけ ……………………… 78
いわしの梅煮 …………………… 83
冷やし梅豚そうめん …………… 104
● カシューナッツ
豚こま肉のカシューナッツ炒め … 37
● カレー粉
カレーチーズつくね …………… 61
ブロッコリーのツナマヨカレー … 72
鮭と玉ねぎのマヨチー焼き …… 84
スパイシー厚揚げ ……………… 100
白菜のカレーシーザーサラダ … 111
にんじんとカニカマのカレーマヨサラダ … 118
カレーキャロットラペ ………… 124
● カレールー
カレーミルクスープ …………… 73
ベーコンときのこのカレースープ … 92
カレー鶏南蛮そば ……………… 101
● 乾燥ひじき
レンジでひじきの煮物 ………… 16
● 乾燥わかめ
てぬき白和え …………………… 12
韓国風わかめスープ …………… 36
おつまみわかめキャベツ ……… 42
塩昆布豆腐スープ ……………… 81
● 刻みたくあん
おつまみたくあん ……………… 80
和風ポテサラ …………………… 108
食べたらキンパ丼 ……………… 115
● 切り干し大根
切り干し大根のマヨポンサラダ … 20
● 白菜キムチ
チーズダッカルビ ……………… 18
トマトキムチナムル …………… 18
えのきの旨キムチ和え ………… 41
キムチ麻婆豆腐 ………………… 54
アボカドキムチ豆腐 …………… 84
キムチチャーハン ……………… 110
スタミナ冷や奴 ………………… 114
● 春雨
豚ひき白菜の旨煮 ……………… 59
レンジ麻婆春雨 ………………… 70
● 春巻きの皮
エビはんぺん春巻き …………… 70
ピザ春巻き ……………………… 72
● 紅しょうが
厚揚げお好み焼き ……………… 44
フライパンたこ焼き …………… 120
● ミートソース（パスタ用）
ミートソースで！トマトチーズ鍋 … 64
てぬきドリア …………………… 119
● ミックスナッツ
かぼちゃのほぼデザートサラダ … 19
レタスナッツサラダ …………… 90
● 明太子ソース（パスタ用）
とろとろ明太餅チーズグラタン … 119

撮　　影	三好宣弘（RELATION）
調　　理	脇田朋子
フードスタイリング	板井香保里
調理アシスタント	丸野友香
デザイン	五十嵐ユミ
DTP	坂巻治子
ライター	明道聡子（リブラ舎）
校　　正	東京出版サービスセンター
撮影協力	UTUWA
編　　集	森 摩耶（ワニブックス）

人類史上最高にラクチンなのに超美味しい！

魔法の
てぬき献立100

著　者　てぬキッチン

2025年5月5日　初版発行
2025年5月20日　2版発行

発行者　髙橋明男
発行所　株式会社ワニブックス
　　　　〒150-8482　東京都渋谷区恵比寿4-4-9　えびす大黒ビル

ワニブックスHP　http://www.wani.co.jp/
　　　　お問い合わせはメールで受け付けております。
　　　　HPより「お問い合わせ」へお進みください。
　　　　※内容によりましてはお答えできない場合がございます。

印刷所　大日本印刷株式会社
製本所　ナショナル製本

定価はカバーに表示してあります。
落丁本・乱丁本は小社管理部宛にお送りください。
送料は小社負担にてお取替えいたします。
ただし、古書店等で購入したものに関してはお取替えできません。
本書の一部、または全部を無断で複写・複製・転載・公衆送信することは
法律で認められた範囲を除いて禁じられています。

©てぬキッチン 2025
ISBN978-4-8470-7544-5